PASIÓN POR HACER

Ilustración de portada:
TENSIÓN VIBRANTE, 2011
Autor: GABY GROBOCOPATEL

Composición de imagen:
JUAN PABLO OLIVIERI

Foto de tapa:
© GIULIANA CANTISANI

Diseño de tapa:
EL OJO DEL HURACAN®

ANDREA GROBOCOPATEL

PASIÓN POR HACER

Historia de vida, familia y empresa

GRANICA

BUENOS AIRES - BARCELONA - MÉXICO - SANTIAGO - MONTEVIDEO

© 2014 *by* Andrea Grobocopatel
© 2014 *by* Ediciones Granica S.A.

ARGENTINA
Ediciones Granica S.A.
Lavalle 1634 3º G / C1048AAN Buenos Aires, Argentina
Tel.: +54 (11) 4374-1456 Fax: +54 (11) 4373-0669
granica.ar@granicaeditor.com
atencionaempresas@granicaeditor.com

MÉXICO
Ediciones Granica México S.A. de C.V.
Valle de Bravo Nº 21 El Mirador Naucalpan Edo. de Méx.
(53050) Estado de México - México
Tel.: +52 (55) 5360-1010 Fax: +52 (55) 5360-1100
granica.mx@granicaeditor.com

URUGUAY
Ediciones Granica S.A.
Scoseria 2639 Bis
11300 Montevideo, Uruguay
Tel: +59 (82) 712 4857 / +59 (82) 712 4858
granica.uy@granicaeditor.com

CHILE
granica.cl@granicaeditor.com
Tel.: +56 2 8107455

ESPAÑA
granica.es@granicaeditor.com
Tel.: +34 (93) 635 4120

www.granicaeditor.com

GRANICA es una marca registrada

ISBN 978-950-641-798-7

Hecho el depósito que marca la ley 11.723
Impreso en Argentina. *Printed in Argentina*

Grobocopatel, Andrea
  Pasión por hacer: historia de vida, familia y empresa. - 1ª ed. - Ciudad Autónoma de Buenos Aires: Granica, 2014.
  240 p.; 22x15 cm.

  ISBN 978-950-641-798-7

  1. Administración de Empresas. I. Título
  CDD 658

Tus pasos quedarán; mira para atrás pero ve siempre hacia delante, pues hay muchos que necesitan que llegues para poder seguirte.

Charles Chaplin

Este libro está dedicado a las mujeres que aún tienen dudas sobre si es posible compatibilizar la responsabilidad de una familia con el trabajo, la empresa o la profesión. Siempre será mejor ser independientes y luchar por ganar autonomía.

A los hombres que necesiten darse cuenta de la importancia de contar con una compañera que crezca y se desarrolle profesionalmente.

A padres, hijos, hermanos, nietos, para aproximarlos a las dificultades y oportunidades que se presentan en el espacio empresarial y familiar, y que, cuando se afrontan y comparten, permiten obtener los mejores resultados.

También, a los emprendedores y empresarios, a dueños y directores de empresas de familia, a todos aquellos a los que les falte un poco de motivación para escribir su propia historia y devenir, así, un ejemplo para los demás.

9

ÍNDICE

AGRADECIMIENTOS

Quiero agradecer a:

Walter, porque sin un compañero que me apoye y motive como él, no habría sido posible vivir mi vida de esta manera.

A mis cuatro hijos, Agustina, Delfina, Luciano y Paulina, en los que me inspiro permanentemente.

A mis padres, Edith y Adolfo, no solo porque me dieron la vida, también porque sin ellos no habría existido Los Grobo.

A mis hermanos Gustavo, Gabriela y Matilde, porque son hermanos y socios, lo cual ya es mucho decir.

A mis cuñados, porque supieron "grobocopatelizarse" cuando fue necesario; y a sus hijos, mis sobrinos.

A Germán, por su presencia permanente en mi vida personal y empresarial.

A Chuchi y a Osvaldo (*in memoriam*), mis suegros, porque han sido siempre abuelos dispuestos.

A Carmen, por su dedicación incondicional.

A mis amigas de ayer, hoy y siempre.

A los colaboradores de las diferentes etapas de Los Grobo.

A Meche, Laura, Ana; a Ariel Granica y su equipo por hacer realidad mi sueño de escribir un libro original, un tanto mezclado, pero "apto para todo público".

EL PORQUÉ DE ESTE LIBRO

Desde hace algunos años venía madurando la intención de volcar en un libro mi experiencia empresarial y familiar, los aprendizajes, los logros, las dificultades. También, de qué manera compartirlo con otras personas, contagiar mi entusiasmo, motivar y estimular a quienes se interesen por recorrer el mismo camino. Un deseo que se ha ido renovando permanentemente. Pero, las urgencias de lo cotidiano lo posponían. Dice un refrán popular que los seres humanos debemos por lo menos hacer tres cosas en la vida: tener un hijo, plantar un árbol y escribir un libro. Como soy respetuosa de las tradiciones y me gustan los refranes, trataré, antes de morirme, de hacer todo esto y, si es posible, con creces.

No tuve un solo hijo sino cuatro, y la suerte de contar con un marido y padre maravilloso como es Walter, mi esposo y compañero de vida.

Planté un árbol en la puerta de nuestro Colegio Nacional de Carlos Casares, con mis compañeros, cuando cumplimos veinte años de egresados, a modo de agradecimiento. Es probable que en el futuro no me falten motivos para plantar más árboles, sola o con otros amigos.

Y me restaba el libro. Pero, como estudié Economía, me gustan mucho más los números que las letras; así fui postergando el proyecto, tenía la intención pero nunca encontraba el tiempo para concretarlo. Sin embargo, iba anotando ideas, plasmando algunos conceptos, volcando mis experiencias en programas académicos, dando charlas en instituciones y eventos donde era invitada para compartir mis vivencias como dueña de empresas, como mujer profesional con familia numerosa. No fue entonces tan difícil, a la hora de escribir, buscar la información e intentar ordenarla.

Mientras estuve enfocada en la ejecución de la empresa y era esposa y mamá de hijos chicos no contaba con mucho tiempo para pensar ni reflexionar sobre lo que me estaba sucediendo. Hoy, con mis hijos más grandes, casi independientes, y habiendo delegado muchas de mis funciones en las empresas del Grupo, tengo el tiempo y la energía necesarios para conceptualizar, revisarme a mí misma y narrar mis experiencias.

Al hacerlo, hubiera querido "desgrobocopatelizarme" un poco más, incluir otros temas que no estuvieran vinculados con la empresa de mi familia, pero me doy cuenta de que Los Grobo es una parte muy importante de mi vida, es mi apellido y siempre será difícil que no hable de lo que ahí viví y del caudal de aprendizajes que fui cosechando con ellos. Además, quiero aprovechar estas páginas para contar cómo fueron esos años, tratando de hacerme un lugar entre hombres con gran liderazgo, con mucho poder.

Este libro también fue pensado como parte de lo que les quiero legar a mis hijos; deseaba que conocieran el proceso durante el cual construimos nuestro patrimonio.

No quería escribir una simple biografía, o una amena ilación de hechos, o una detallada crónica de un proceso. Deseaba que abarcara también la reflexión y el entusiasmo que puse y que pongo en la vida. Reconozco que aprendo de mis experiencias pero también de lo que le ocurre a otros. Me gusta más estudiar las realidades que las teorías, y, como pienso que lo que es bueno para mí puede ser bueno para los demás, quería exponerme con transparencia y la mayor humildad posible, mostrar lo bueno y lo no tan bueno que me sucedió hasta el presente.

Sin duda, podría definirme por la suma de los roles que fui asumiendo con el correr de los años. Nací en 1964, como hija y nieta de una familia del interior de la provincia de Buenos Aires, de raíces inmigrantes. Con intensidad, con pasión, fui hermana, amiga, estudiante. Esa primera etapa culmina al recibirme de licenciada en Economía en la UBA. Luego, mi regreso a vivir en Carlos Casares para trabajar en la Pyme familiar.

Los veinticinco años siguientes constituyen una etapa en la que hacer, crear y construir ocuparon un lugar central. En la empresa familiar fui asistente, hice tareas administrativas, llegué a ser gerente de un área y a tener personal a cargo; luego, directora de la empresa y presidente de Los Grobo SGR. Pasé a ser accionista y dueña cuando mi padre nos donó las acciones de Los Grobo. Esos años también fueron de construcción de mi familia; por lo que fui, sucesivamente, novia, esposa, nuera, madre.

Con el transcurso del tiempo, me ha tocado desempeñar con mucho entusiasmo nuevos roles que se sumaron a los anteriores, aunque siento que cada vez me alcanzan menos las horas del día para cumplir con todos.

Mientras escribía este libro, comentaba que giraría sobre mis experiencias. Algunos especialistas me preguntaron si era de management o autobiográfico. Estas páginas quieren llevar al lector a recorrer de manera simple emociones y aprendizajes que signaron mi vida personal y profesional. Ciertas reflexiones y referencias son de carácter íntimo, mientras que otras son de corte más conceptual.

Van a encontrar aportes vinculados al management, pero también van a poder compartir parte de mi historia y mis vivencias.

Así es mi vida; se entremezclan permanentemente temas de familia con temas empresarios. Por esa razón, hay testimonios y recuerdos de personas que compartieron conmigo diferentes etapas, que me ayudaron a formarme. No sé si es por la edad que ya tengo o por la cantidad de cosas que he hecho de manera simultánea, pero mi memoria no se mantiene tan fiel a los recuerdos. Entonces pensé que la mejor forma de reconstruir mi pasado sería apelando también a la memoria de otros. Su aporte me permitió rescatar anécdotas o momentos olvidados. Debo confesar que disfruté al recuperar esos relatos del pasado.

Al mismo tiempo, me fue imposible separar mi vida familiar de mi rol de empresaria; o dejar algo para otro libro, ya que mi propósito es que el primero refleje quién soy, qué hice y qué pienso. Quizás, en el futuro, haga foco en alguno de los temas que abordo en este o desarrolle con mayor profundidad una problemática específica de las que aquí se plantean. Hoy me gustaría que sea un libro que atrape a un público curioso por comprender cómo podemos ser capaces de construir nuestros proyectos.

En esta etapa, en la que pretendo reinventarme, proponerme nuevos desafíos, pienso que ya he trabajado mucho para mí, para mis hijos. Me parece que es la hora de plantearme cómo trabajar para generar un cambio en la sociedad, si esto fuera posible. Y hacerlo con todos para lograr mayor impacto y de manera más rápida.

Es un buen momento para provocar un cambio en la sociedad, de manera que todos tengamos más oportunidades, con libertad, inclusión y progreso, para vivir de manera responsable, analizando el impacto de nuestros actos no solo en materia económica sino también en lo social, medioambiental y civil. La idea es formarnos como mejores ciudadanos.

Quiero contribuir a fortalecer las instituciones, para que tengan prácticas de gestión responsables, actúen con transparencia y en función del bien común.

Quiero crear puentes para aunar los esfuerzos que se llevan adelante desde lo público, lo privado y las ONGs.

Quiero formar líderes responsables que se transformen en un modelo de buenas prácticas empresarias, sociales y cívicas, que sean como apóstoles que llevan por el país su ejemplo, contagiando a otros sus valores, su estilo de gestión, su optimismo.

En esta etapa, me interesa instalar en la agenda de las empresas, de las entidades públicas y los medios de comunicación el tema de la diversidad y de la inclusión. La diversidad, entendida como el respeto por la individualidad, implica trabajar para construir día a día una sociedad en la que las personas puedan desarrollarse de manera plena, independientemente de su género, edad, clase social, raza, religión, o de algún tipo de discapacidad. La inclusión es un reto fundamental para el bienestar de toda sociedad y supone ir más allá de las políticas de no discriminación para pensarla como motor de crecimiento. Enriquece a las organizaciones, es fuente de estímulo para generar nuevos proyectos e incorporar distintas perspectivas a la hora de resolver y tomar decisiones.

En lo personal, quiero ayudar a que cada uno pueda desplegar al máximo su talento, y no quedarme pensando en lo que no tiene o no puede desarrollar. A un año de 2015, veo que los Objetivos del Milenio acordados en las Naciones Unidas por casi doscientos países en el año 2000, aún están lejos de cumplirse. El Pacto Mundial sigue siendo la mayor iniciativa de sostenibilidad a nivel internacional pero, si bien hay avances, nuestra capacidad de respuesta es aún lenta para dar cumplimiento a los desafíos allí planteados. Por eso, quiero aportar mi granito de arena y adherirme a otras organizaciones para que entre todos podamos hacer realidad la construcción de un futuro donde haya respeto, solidaridad e inclusión, y hacer del mundo un lugar mejor para las próximas generaciones.

Dejemos de lado los individualismos. Que no nos falten grandeza, humildad, paciencia. Que no nos falten tampoco la generosidad, la honradez y el compromiso imprescindibles para llevar adelante esta gran tarea.

Dar siempre lo mejor de uno es un valor cultural que se traduce en mejores resultados. Y, sobre todo, en una sociedad íntegra, promisoria. He tratado de dejar lo mejor de mí en las páginas de este libro. Espero que les interese, los entretenga, los motive y les genere alguna transformación positiva luego de leerlo. Y, como me reconozco ansiosa, los invito a empezar hoy.

Andrea Grobocopatel
Carlos Casares, marzo de 2014

CRECER Y APRENDER

"La vida consiste no en tener buenas cartas,
sino en jugar bien las que uno tiene."
Josh Billings

Mi niñez en Carlos Casares

Quizá no sea este el capítulo más interesante para todos; pero me parece importante saber de dónde venimos para entender lo que somos en el presente. Como verán a lo largo del libro, mi modalidad para hacer las cosas se basa en algunas premisas: "lo que uno no tiene debe complementarlo con lo que tienen otros" y "me gusta hacer pero no sola, sino acompañada". Por esa razón, gran parte de las personas que me conocen colaborarán para darle forma precisa al recuerdo.

Nací en Carlos Casares, en la provincia de Buenos Aires, una ciudad de 22.000 habitantes, ubicada sobre la Ruta 5, a 312 km de la Ciudad de Buenos Aires, y cuya fisonomía es muy parecida a la de otras ciudades de provincia: una gran plaza en el centro, rodeada por la Municipalidad, la Comisaría y la Iglesia.

Según dicen, al nacer era flaca y larga, pesaba un poco más de tres kilos. Así lo cuenta mamá, quien asegura que luego me convertí en una bebita gordita y buena. Hay fotos de mi infancia en las que aparezco con un pañuelito anudado en la cabeza, porque no me crecía el cabello. Por lo visto me gustaba, ya que me lo dejaba puesto; en cambio, un moñito que insistían en pegarme en los escasos pelos que tenía me lo arrancaba y apenas me duraba unos segundos.

Crecí rodeada de afecto. Tuve la suerte de contar con una madre dedicada a la casa, a sus hijos y al marido; pero que igualmente estaba todo el día ocupada. Distintos intereses y actividades la llevaban de aquí para allá: hacía manualidades, se inscribía en distintos cursos, integraba la Cooperadora del colegio, participaba en la Rueda Femenina Rotaria.

Muchas veces nos llevaba con ella para que compartiéramos sus actividades solidarias. Recuerdo haber ido a tomar la leche al Hogar de Ancianos, o concurrir a Mi Casa Grande, para pasar una jornada con los niños que allí vivían. De su ejemplo –y también de acompañarla y ver realidades distintas a las mías– creo que aprendí a ser solidaria y dedicarles tiempo a los demás. Probablemente allí resida el origen de mi entusiasmo por participar y fortalecer las instituciones.

Sus compromisos no le impedían que, de manera permanente y en cualquier momento del día, nos enseñara. Todo era motivo de aprendizaje. A mis padres les gustaba organizar viajes para que conociéramos el país y mamá nos obligaba a comentarlo al regreso; debíamos decir qué nos había impactado más, lo que menos nos había gustado, relatar el paseo día a día.

Le gustaba cocinarnos; nos preparaba ñoquis caseros o nos hacía churros con la churrera. Nos agasajaba con la comida, muy rica, y nos divertíamos mucho; pero hoy no lo agradezco tanto, porque soy de tendencia a engordar y, fundamentalmente, porque la comida se convirtió en algo importante para mí. Me acostumbré a comer demasiado, especialmente harinas.

Papá dedicaba mucho tiempo a trabajar. Recuerdo que madrugaba, y en algunas épocas del año llegaba tarde porque había que cosechar o enfardar. De su ejemplo diario aprendí que para crecer económicamente hay que trabajar muy duro. Años después, en los comienzos de Los Grobo, he llegado a estar en la oficina desde las siete de la mañana hasta las doce de la noche.

Pero papá también destinaba un espacio de su agenda a participar en las actividades de la comunidad; lo hacía en el Rotary Club, en distintas comisiones que organizaban eventos para recaudar fondos o con motivo de las fiestas nacionales, o de centenarios. En 1964, año en que nací, se realizó en Casares la Primera Fiesta Nacional del Girasol, hecho que destacaba la importancia del cultivo para la zona y la economía del país.

Mi padre tiene muchas virtudes pero también varios defectos; le decíamos "Sandrini", porque "tanto te puede hacer reír como llorar y todo en menos de un minuto". Uno se va acostumbrando y aprendiendo a reírse de sus ocurrencias, ya que, como él bien dice, "es como es".

Siempre que recuerdo mi niñez, pienso que fui muy feliz, que me gustó todo; no tengo malos recuerdos. Hoy mis padres viven y están muy bien; como somos vecinos, voy y vengo de una casa a la otra varias veces al día. Nada es más importante que tenerlos "vivos", con todas las letras: sanos, independientes, predispuestos, tratando de disfrutar la vida y, además, juntos.

> Andrea se involucra y se preocupa por todo y por todos.
> En las familias judías, es costumbre anotar a las hijas mujeres en la sinagoga. Por eso, cuando el Rabino vino a Casares para Rosh Hashanah, llevé a Andrea para que le pusieran el nombre y la inscribieran. Al nacer Gustavo, le había prometido a mi *bobe* que si la próxima era una nena le pondría el nombre de su mamá, la famosa Catalina, una mujer de mucho carácter, toda revolución. Creyendo que iba a ser la única hija mujer, cuando nació Andrea decidimos ponerle, además de Catalina, el nombre de la abuelita Grobocopatel; y en el momento de inscribirla, mi suegra me

pidió que le pusiera el nombre de su mamá, la abuela de Adolfo. Entonces la anotamos con tres nombres: Blume Rifke Crientze, Flora Rebeca Catalina.

Veo en Andrea el tesón de su bisabuela Catalina, que llegó a la Argentina viuda y con seis u ocho hijos; era sorda, necesitaba ganarse la vida. Aprendió a leer y escribir el castellano por necesidad; y salió adelante.

Andrea era una pequeña muy cariñosa con todos, a esa virtud se le sumaba su simpatía, con eso conquistó nuestros corazones y alegró nuestras vidas. Además, era muy graciosa, hablaba mucho, le gustaba bailar y todas las miradas eran para ella. Al crecer, enseguida nos dimos cuenta de que tenía una personalidad bondadosa y que siempre estaba bien dispuesta para ser útil; me pedía ayudar y le gustaba colaborar, era evidente que eso la alegraba. Era muy apegada a mí, algo que yo disfrutaba mucho. Otro rasgo que la caracterizó desde niña es su preocupación por todo y por todos; si alguien necesitaba algo, era y es la primera en involucrarse, en estar presente para dar una mano a quien lo precisa. Esto se reflejaba en el trato que les daba a sus hermanas menores, las cuidaba y protegía. No le importaba la diferencia de edad. Muchos niños sienten que los hermanos menores son una carga y evitan incluirlos en sus juegos; ella no era así, siempre las invitaba a compartir todas sus actividades y salidas. Y de grandes también.

A sus tres abuelos, siempre les demostró mucho cariño; era cumplida y servicial y compartía con ellos, especialmente con la abuela que vivía en Casares. Le gustaba estar en compañía de sus mayores. Cuando los de Buenos Aires venían a pasear, los agasajaba constantemente y estaba atenta a sus deseos; luego, ellos se radicaron en Casares. Andrea se mantuvo presente en sus vidas y los acompañó brindándoles mucho afecto en sus últimos años.

Fue una excelente alumna, lo que nos llenaba de orgullo. Estudiaba muchísimo y eso se reflejaba en sus notas, le iba muy bien en el colegio. Su generosidad se volcaba en los que la rodeaban; si alguno de sus compañeros no lograba hacer la tarea o no sabía cómo realizarla, ella lo ayudaba o directamente se la hacía. Creo que no hubo acto escolar en el que no haya intervenido, le gustaba mucho actuar, subir al escenario a recitar, bailar, pero se ponía muy mal si su papá no podía concurrir, porque él muchas veces estaba trabajando en el campo.

La recuerdo como una adolescente alegre, inquieta y trabajadora. También participaba en todas las actividades que había en la ciudad para su edad. Estudió dibujo, pintura, teatro, declamación, canto, danzas clásicas, danzas folklóricas, flauta dulce, inglés; además, practicaba natación y vóley. Era incansable, quería hacer todo y ser la mejor o conseguir el título, llegar hasta el final; pero, cuando se daba cuenta de que algo no era para ella, que le faltaban habilidades, se retiraba en busca de nuevos intereses, siempre dispuesta a probar algo que no conocía; no se desanimaba ni bajaba los brazos. De todas estas actividades, en las que más se destacó fue en danzas clásicas e inglés, y obtuvo el diploma superior en ambos estudios.

Andrea es muy apegada a la familia. No quería ir a ningún lugar sin nosotros, decía que extrañaba. Creo que por eso terminó la carrera universitaria tan rápido y regresó a Casares. Tampoco le gustaba mucho estar fuera, nuestra casa era el centro de todas las reuniones y festejos.

La amistad es para ella un valor muy importante. Su solidaridad no solo la demuestra con sus amigas, a las que siempre está dispuesta a dar una mano, también lo es con la familia, con sus colaboradores y con la gente de Casares. No duda en involucrarse en actividades de la comunidad, ella desea hacer su aporte para que el mundo sea mejor.

Hace aproximadamente veinte años que somos vecinas; me gusta esta cercanía física. No pasa un día sin que nos llamemos o que hagamos una pasadita por la casa de la otra aunque más no sea para darnos un beso.

Quienes envejecen bien son personas activas, sociales y sonrientes. Andrea es una de ellas.

Edith Feler, mamá

De mis hermanos, Gustavo es el mayor. Después de mí, nacieron Gabriela y Matilde.

Recién cuando Gaby creció conté con una compañera de juegos. Antes, jugaba mucho con varones, tal vez porque lo tenía solo a Gustavo; no me gustaban los juegos sedentarios, prefería los que me permitían desplegar mucha actividad física: jugar a las escondidas, a la mancha, correr, subirme al techo de las casas del barrio, jugar a los *cowboys*, y hasta me peleaba con los varones. En esa época, nos entreteníamos mucho con los vecinos. Recuerdo que ansiaba que Gaby creciera para tener con quien jugar, pero cuando lo hizo, me di cuenta de que ella era demasiado tranquila para mi estilo.

Mati siempre fue la chiquita, más que jugar con ella la protegía, la defendía y así la malcriábamos. Qué importante y qué divertido es tener hermanos.

También jugaba a la mamá, al doctor, pero siempre dije que sería "secretaria de mi papá". Ya en ese entonces me gustaba la actividad agropecuaria. En realidad, me atraía la "actividad".

Compartí mi niñez con pocos primos; la mayoría son más chicos, y en la infancia una diferencia de años se convierte en un obstáculo para ser compinches. Sin embargo, la causa fue otra. Mi padre y sus hermanos eran socios y, como muchos empresarios familiares, por distintas razones y algunos problemas, se fueron separando en los negocios; esta situación se reflejó en lo familiar. La distancia que se interpuso entre nosotros no me agradó en absoluto, pero fue un gran aprendizaje de vida. Cuando nos asociamos con mis hermanos, pusimos especial cuidado en que los conflictos laborales no interfirieran en los vínculos familiares. Aprendimos a manejar las relaciones entre nosotros tratando de hablar todo lo que ocurría y sentíamos, para anticiparnos a los problemas. Hoy mis hijos se llevan bien con sus primos y disfrutan muchos momentos juntos.

Mi abuela paterna vivía en Casares. Enviudó cuando yo apenas tenía cuatro o cinco años, y lo que sé de mi abuelo es por todo lo que cuenta y ha contado papá. Recuerdo que era muy divertida y siempre que la visitaba me ofrecía comida. No perdía oportunidad para ir a verla. Si pasaba por la esquina o cerca de su casa, entraba aunque más no fuera para darle un beso.

En cambio, mis abuelos maternos –vestían súper elegantes, él era dueño de una sedería– vivían en Buenos Aires, por eso era una fiesta cuando venían a Casares. Ellos estaban en buena posición económica y nos traían muchos regalos. Los recuerdo cariñosos, alegres, diferentes a la gente del pueblo.

En aquella época no era tan común viajar –ir de una ciudad a otra, recorrer cientos de kilómetros–, pero cuando íbamos a visitarlos, hacíamos cosas muy diferentes a las que podíamos imaginar en Casares y era entretenido estar con ellos: podíamos ver televisión, o comer productos que no llegaban todavía al interior, como los postrecitos de chocolate. Nos llevaban de paseo a la Plaza de Mayo, a darle de comer a las palomas, y recorríamos la ciudad. No me gustaba mucho ir sola, porque siempre fui de extrañar a mis padres y hermanos. Hoy me sucede lo mismo, me gusta viajar acompañada por mi esposo o mis hijos, no puedo disfrutar algo sin pensar que ellos no lo están viviendo conmigo. Ya más grandes y con algunos problemas de salud, mis abuelos maternos se vinieron a vivir a Casares, hasta que fallecieron.

Concurrí a la Escuela N° 8, Bernardino Rivadavia, de Casares, una escuela pública. En verdad, toda mi educación fue pública, incluida la universidad. En la escuela primaria llegué a ser abanderada en algunas fiestas escolares. Estudiaba mucho, me gustaba aprender y ayudar a mis compañeros. También, participaba en los actos patrios, me anotaba en todo. Recuerdo que una vez se enfermó una compañera y aunque no sabía de memoria la poesía que le había tocado, me ofrecí a reemplazarla. Ya en las vísperas, y con decisión, me puse a memorizarla, pero en medio del acto me olvidé cómo seguía, y todos empezaron a aplaudir ante mi vacilación porque se dieron cuenta de que no podía continuar. Así bajé del escenario del teatro.

Conozco a Andrea desde los seis años, ya que comenzamos juntas la escuela primaria. Había dos grupos: el de Itatí, Maricel y yo; y el de Andrea, Gisela y Marisa. Además de otras chicas de su barrio, a una distancia del nuestro de apenas unas cuadras. Son muchos nombres pero con todas ellas nos mantuvimos juntas en la primaria y la secundaria. Nos separamos durante tres años, de primero a tercer año, pero solo de división. Llegamos hasta la universidad juntas, a partir de ahí nos dividieron las carreras y las ciudades en las que estudiamos, pero supimos volver a juntarnos en cada oportunidad que podíamos. Hoy seguimos siendo amigas; además tenemos otro grupo de nueve amigas maravillosas, siempre críticas y divertidas. Pero con mucho afecto; el vínculo que nos une no se discute, se acepta y respeta cada situación. En cambio, discutimos todos los demás temas.

Andrea se destacó en cada etapa de su vida, porque era estudiosa y aplicada, valores importantes para la escuela primaria y también para la secundaria. Pero ya en el secundario se agregan otros valores: compañerismo, picardía, liderazgo, atención a cada detalle de sus compañeros y profesores. Andrea organizaba todo lo que podía y lo que no podía también. Su protagonismo fue fundamental en la planificación y recaudación de fondos para el viaje de egresados, del cual disfrutamos mucho.

En todos esos años sumamos varias anécdotas: una de ellas es que siempre tenía muchas cosas para hacer y la acompañábamos en el Peugeot 404 amarillo, mientras aprendía a manejar; le hacíamos los mandados a Edith, su mamá. Íbamos a los saltos y varias veces chocamos los cordones, pero era divertido acompañarla.

Jugábamos al vóley, éramos muy buenas, aunque solo en Carlos Casares, en el resto nos mataban. Pero igual viajábamos a Pehuajó o Trenque Lauquen para hacer frente a nuestras derrotas mortales. También jugábamos pelota al cesto, toda una antigüedad; nos vestíamos con pollera pantalón.

Hicimos nuestro primer viaje solas a Mar del Plata, por una semana, Itatí, Andrea, Maricel y yo. Quemamos la cortina de la cocina del departamento en el que estábamos y caminamos Mar del Plata entera para conseguir una igual. Nos creíamos grandes e independientes, superadas, y que todo lo podíamos. Pero el miedo de la inmadurez se ocultaba detrás de cada sonrisa.

Andrea es una persona especial, es compañera, siempre atenta a las cosas de los demás y muy cumplida con todo. Fundamentalmente, es buena amiga, con una energía especial. La vida la puso a prueba en situaciones difíciles, pero nunca se dejó caer, y aunque sea muy llorona –no tanto como yo– supo seguir, seguir y seguir.

Nancy Menazzi, amiga

La amistad y las pequeñas responsabilidades

El colegio era importante en mi vida. Hice el nivel secundario en el Colegio Nacional José de San Martín, también de Carlos Casares. Le dedicaba mucho tiempo a mis estudios; era aplicada, quería ser la primera en matemática: los números, la resolución de problemas me encantaban. Recuerdo a una compañera que controlaba mis notas y las comparaba con las de ella para ver si calificábamos para ser escoltas y quién era primera, si ella o yo. La sorprendí un día y se lo comenté a mi mamá. Finalmente, creo que ella ganó, fui segunda escolta. No niego que me importaba mucho estar en el cuadro de honor, pero no lo hacía para competir con otros compañeros, se trataba de dar lo mejor de mí, exprimir al máximo mis posibilidades. Continúa siendo importante, en este presente, hacer todo con excelencia, al menos intentarlo. Es un desafío interno que me lleva a mejorar permanentemente.

A Andrea la conozco de siempre. De compartir cumpleaños, festivales de danzas, de declamación, también las fiestas de nuestros padres. No tengo registro del momento en que nos conocimos, siempre estuvo presente y aparece en mis recuerdos más lejanos.

A pesar de estar siempre cerca, comenzamos a compartir mucho más desde que se formó nuestro grupo de SÚPER AMIGAS, las "nueve increíbles", que hacíamos anualmente algún viaje a la Costa.

33

Cada vez que viajo a Carlos Casares, es la llamada obligada para salir a caminar; son momentos únicos que Andrea, con el correr de los años, aprendió a no "aprovechar" para hacer algunos llamaditos. Esos momentos son cada vez más placenteros, porque en el "mano a mano" nos ponemos al día con nuestras cosas. En el último tiempo hubo mucha política en el medio, pero bueno, hay que entender.

Uno de los recuerdos que conservo es cuando nos fuimos en carpa a Villa Gesell. En los años 80 y tantos era el mejor programa para los 18 o 19 años. Fuimos todas menos Andrea, que se negó rotundamente a dormir en carpa, bañarse en baños de camping, etc. Ella se limitó a visitarnos "para ver cómo estábamos y si necesitábamos algo". Por supuesto, quedó horrorizada de cómo nos divertíamos en esas condiciones (vale aclarar que pasados unos cuantos días todas la envidiábamos).

También son imborrables las tardes de mate con chúker, galletas de gluten, queso y, en el medio, alguna listita para ir a hacer los mandados.

Cuando aparecían facturas para la hora de la merienda, ella era la encargada de cortar una medialuna en seis porciones, "para comer menos". ¡Y lo sigue haciendo!

Es una persona que trata de estar en todo y con todos, lo cual resulta imposible. Creo que, con el correr del tiempo, ha ido aprendiendo a darse más tiempo para cada cosa.

Son algunos de los recuerdos de tantos años.

Andrea Lingua, amiga

Trataba de tener ideas originales y, por supuesto, imponerlas o contagiarlas. Para la fiesta de egresados, para que no hubiese diferencias, se me ocurrió que todas estuviésemos parecidas y que usáramos un vestido blanco; cada una de las chicas podía elegir el modelo que quisiera, pero la pauta era el color blanco. Por supuesto, no faltó alguna de rojo o azul, pero la mayoría fue a la fiesta vestida de blanco.

Cuando cumplimos veinte años de egresados, pensé que debíamos agradecerle al Colegio y dejarle algo nuestro, el testimonio de nuestro paso por sus aulas. Caminamos por las calles de Casares con carteles y pancartas que decían "Gracias compañeros y profesores, por tantos aprendizajes compartidos"; y plantamos todos juntos un árbol cerca de la entrada principal.

En la adolescencia fui inquieta y tenía un insaciable deseo de aprender, por eso me involucraba en todas las actividades que aparecían o me ofrecían. Me gustaba estudiar inglés. En el interior, por lo general están las escuelas públicas, también las privadas, confesionales o no; pero, y por lo menos en aquellos años, no había escuelas bilingües; por lo tanto, para aprender bien un idioma íbamos a un instituto particular a contraturno del colegio. También hice danzas clásicas, danzas folklóricas, declamación, flauta dulce. Me entusiasmaba cualquier actividad que hubiera en el pueblo y a la que mi mamá me mandaba; me inscribía y seguía por muchos años, hasta terminar, hasta que me dieran el diploma, ya que no me gustaba –ni me gusta– dejar las cosas inconclusas. Tal vez por eso, a pesar de ser muy mala cantando, me inscribí en un coro. Cuando el profesor empezó a separar las voces, en soprano, contralto, etc., a mí me puso de "oyente", y lo peor de todo fue que seguía yendo, para ver si escuchando podía mejorar, porque no soportaba no participar, además de que siempre me gustó cantar.

Practiqué deportes: vóleibol, cesto y básquet; debo admitir que no era un as, era del montón, pero nadie podrá negar que era muy "alentadora" y motivadora con el equipo.

Estudiaba mucho y me movilizaba detrás de varios intereses, pero también me divertía, salía todos los fines de semana hasta cualquier hora, me gustaba bailar, ir a fiestas, hasta que cerraba el boliche o terminaba la fiesta. Creo que no quería perderme nada.

En la fiesta de quince de una de mis mejores amigas, conocí a Walter –hoy mi marido–; yo apenas tenía catorce años. No quería ni pensar en un noviazgo, consideraba que era muy chica; quería salir, bailar, divertirme y me parecía que si me ponía de novia no haría todas esas cosas. Walter me perseguía a la salida del boliche, siempre haciéndose un poco el recio. También apareció con alguna novia para darme celos, pero yo seguía firme: tenía que irme a estudiar a Buenos Aires, conocer más gente, luego podría elegir. En ese lapso, hubo miles de conversaciones entre nosotros, mi idea era conocernos. Me encantaba la situación, hasta que me di cuenta de que él podía cansarse de ese tironeo y creo que fui yo la que terminó proponiéndole empezar a salir. Fue el 30 de enero de 1984.

Mis hermanas, hasta ese momento, no se animaban a ponerse de novias, pero después que yo lo hice, a los pocos días las tres estábamos "noviando".

Es posible que nos conociéramos desde mucho antes ya que Casares es una ciudad pequeña y uno concurre a lugares comunes: el mismo cine, la misma escuela, la misma plaza. Pero lo cierto es que la registré por primera vez en el cumpleaños de quince de Gisela, una de sus amigas. Andrea me deslumbró; fue como en el teatro, en un musical, donde hay muchos cantantes en escena pero en un momento un haz de luz ilumina solo a una figura, como si solo ella estuviera, como si a su alrededor nada existiera. Y me atrapó. Bailamos un tema, cruzamos algunas palabras y nada más.

Yo tenía muy claro que era la elegida, pero ella no, no estaba segura de que fuera yo su elegido, por lo que estuvimos casi cinco años tratando de conocernos. Creo que le quedó súper claro que si me proponía algo no me daba por vencido tan fácilmente y terminó rendida ante mi persistencia.

Me impresionó su estilo, su forma de ser, su actitud, y me encantó esa situación que se generó entre ambos: nunca me decía que sí pero me dejaba la sensación de que tampoco era un no; fue como en las novelas que a uno lo dejan deseando que llegue el momento de ver el próximo capítulo.

Siento que la pone muy feliz la familia reunida, fundamentalmente cuando vamos de viaje, ya que todos estamos más relajados, con tiempo; ese es uno de sus momentos de mayor disfrute. La soledad la pone triste.

Ha sido comprensiva conmigo y más aún en estos tiempos; ambos hemos respetado nuestros espacios y tenido la capacidad de acompañarnos en los momentos más difíciles que nos ha tocado vivir; es entonces cuando uno valora contar con una gran compañera de ruta.

Tenemos gustos comunes, pero nos atrae la diferencia. Compartimos los viajes, la buena comida y, principalmente, un profundo y gran amor por nuestros hijos. Sin embargo, ella ama estar rodeada de gente y yo me llevo mejor con la soledad; ella es comunicativa y yo, más reservado; ella todo lo tiene que compartir, discutir o debatir, y yo no siento esa necesidad. De algún modo, y siendo razonables, encontramos el punto de equilibrio.

Con mucha fortaleza, hemos atravesado momentos muy difíciles pero siempre logramos la mayor unidad, que nos ha fortalecido.

Tiene un estilo de liderazgo basado en el diálogo. Es perseverante, tenaz, incansable, franca, y siempre está en la búsqueda de nuevos desafíos u objetivos superadores.

Sé que ha puesto una enorme voluntad para adaptarse a esta nueva etapa de nuestra vida, una vida que venía organizada y que su esposo modificó, de manera casi inconsulta, generando un gran cambio de hábitos y costumbres.

Walter Torchio, esposo

Soy muy amiguera y disfrutaba reunir a mis amigas en casa, cualquier excusa era buena. Pasan por mi recuerdo "fotos", instantáneas de esa época: jugando al croquet en el jardín, las largas tardes de pileta con mate de leche, pan con paté, chinchón, escoba de quince y canasta; nos divertíamos muchísimo. Para estar más tiempo con mis amigas, pedía hacer mandados, manejar el auto y, de paso, dar una vuelta y charlar con ellas.

Como se ha visto, conservo el vínculo con muchas amigas de esa época. Para mí, la amistad es muy importante en la vida, me entrego de lleno a este dar y estar con risas o lágrimas. Pero la amistad que permanece a través de los años tiene un camino de doble sentido: el de la amiga que quiere saber de mí y lo que quiero saber o puedo hacer por ella: es gratificante saber que se conserva el mismo sentimiento con quien se ha compartido alguna etapa de la vida. Sin embargo, y como no siempre los caminos reúnen a los amigos, también se han interpuesto distancias insalvables en algunos casos.

En este presente tengo varios grupos; del núcleo de la infancia, se desprendieron dos círculos. Uno es el de las que viajamos anualmente y cenamos muy seguido. Es un grupo fuerte, sólido, unido, con diferentes edades (y soy la primera que cumple 50). Nos respetamos, somos sinceras, tenemos disponibilidad si nos necesitamos pero también porque nos gusta compartir nuestro tiempo. El otro es más pequeño, somos todas de la misma edad y nos vemos y relacionamos de manera más esporádica. También están mis compañeros de colegio, con ellos organizamos reencuentros anuales, tratamos de reunirnos para los cumpleaños de cada uno. Y, finalmente, cuento con las amigas de esta tercera etapa de la vida, las que voy eligiendo en los grupos de mujeres profesionales. También están los varones, Julio y Pepe, este último porque fue compañero de estudios de Walter.

Los años, la vida han sido generosos conmigo en amistad. Y a la amistad hay que regarla, fertilizarla, desmalezarla, tal como se procede en el campo: es la única forma de mantener las relaciones y lograr que perduren en el tiempo.

A Andrea la conocí allá por 1972; participábamos de un grupo de expresión corporal y declamación que impartía mi abuela, Hebe Lavandeira, y aunque no nos unía en ese entonces la amistad de hoy, tengo el vívido recuerdo de cómo se destacaba: responsable, despierta, concentrada, histriónica son atributos que la hacían calificar para los roles principales en la obra de teatro que cerraba el ciclo de cada año.

Conservo miles de anécdotas de Andrea, inclasificable como persona, sorprendente; he sido testigo presencial de imponentes presentaciones, donde se luce como oradora, conductora y *brainstorming*, y a los pocos días es muy capaz de disfrazarse de bailarina clásica o árabe, o bailar chacareras para animar el evento familiar o amistoso.

Si hay algo que la diferencia de los demás es su inagotable energía. Yo digo siempre que Andrea hace en un día lo que a mí me lleva un mes; es emprendedora, proactiva, práctica y muy, muy inteligente. Pero lo que la destaca es que, para ella, del pensamiento a la acción hay solo fracción de segundos. Es ejecutiva, no da vueltas. Ante una idea, hace. Y eso la diferencia del resto de los mortales que quizás tengan cien ocurrencias pero no superan el proceso mental para realizarlas.

Hace años que somos amigas; en su momento me honró con el madrinazgo de su hija Delfina. La definen su entusiasmo, su pensamiento siempre positivo, cuesta recordar que haya hablado mal de alguien. Rescata lo positivo de cada uno, sus cualidades, y procura potenciarlas. Nada le es indiferente, siempre se hace tiempo para compartir unos mates, dar un consejo empresarial o matrimonial, según lo requiera la ocasión. Es buena amiga de sus amigas. "Buena gente", como decimos en estos pagos, resiliente como le gusta definirse a ella, porque siempre salió fortalecida de los embates de la vida. Una luchadora generosa, agregaría, porque piensa en los demás en cada batalla.

Andrea es autoexigente, y también producto de una educación exigente. Recuerdo una tarde de verano, en la pileta de su casa, en pleno enero, cuando todas estudiábamos en Buenos Aires o en La Plata y veníamos a descansar ese mes a Casares; nuestros padres nos trataban como hijos pródigos. Pues bien: todas sus amigas tomando sol y a las 15:30 su papá, Adolfo, llegaba, nos saludaba a todas y le decía: "Bueno, Andreíta, vamos a la oficina". Con lo cual nuestra amiga y anfitriona abandonaba los placeres de la buena vida, nos dejaba reposando al sol en su jardín y se iba rauda a cumplir con sus obligaciones. El resultado de tan exigente educación queda a la vista.

María Laura Poratti, amiga

Me encantaba actuar, recitar y también modelar: desfilé en varias ocasiones. La música que más me agradaba, y que me acompañó durante esos años, eran las canciones de

Palito Ortega; me gustaban sus letras, particularmente "La felicidad", "Vivir con alegría". Era común poner el tocadiscos en el living de casa y bailar con mis hermanas alrededor de la mesa, con sombreros y mucha algarabía. Disfruté intensamente cada etapa de mi vida, me divertía con todo. Tal vez por eso nunca deseé crecer rápido, disfrutaba apasionadamente el día a día.

Conozco a Andrea desde los 6 años, hicimos la escuela primaria juntas; compartimos cumpleaños y tardes enteras jugando, ya que mi abuela materna vivía a la vuelta de su casa.

Para Andrea soy la Negra. Y nuestro vínculo, a pesar de que no nos vemos todos los días, es muy fuerte y tiene ver con el "siempre voy a estar cuando lo necesites". Nunca falta una llamada telefónica, o un mensajito aunque solo sea para saber que todo está bien, y cuando es posible acordamos una visita o una caminata juntas. Admiro su capacidad inagotable de intentar ser todos los días la mejor hija, hermana, esposa, madre, amiga, empresaria y profesional.

Un recuerdo puntual que tengo de ella es que cuando iba a casarme se esmeró para que tuviera la despedida de soltera más divertida y lo consiguió, la ceremonia más linda, y lo consiguió, por lo mucho que se esmeró para conseguirme la tela del vestido en lo de su abuelo Feler; lo mismo con la decoración del lugar donde se llevó a cabo la ceremonia, y así fue que un 16 de enero, con la consabida temperatura de esa época, Andrea llevó por todo Casares al resto de mis amigas a juntar flores y traer fardos para armar el altar. Quizás lo hizo para que saliera más económico y, a la vez, no faltara nada, pero también logró algo muy importante: que con todo ese acompañamiento yo extrañara menos la ausencia de mi mamá en ese momento tan importante de mi vida.

Ha logrado alcanzar una destacada realización profesional que todos admiramos de ella, junto a su optimismo, pero sin dejar ni un minuto de ser una luchadora incansable por sus afectos. Si hoy tuviera que escribir un lema de ella, sería: *"Antes de gastar, gana; y antes de rendirte, intenta"*.

Itatí Cabrera, amiga

Momento de decisión

¿Qué vas a estudiar? Era la inevitable pregunta que me hacían cuando estaba en 5° año. Quería seguir Administración de Empresas, sin evaluar que, dado que había estudiado bachillerato, no estaba suficientemente preparada en contabilidad. No me iba del todo mal, pero me costaba bastante y, como les ocurre a muchos, lo que me traía dificultades no me gustaba.

Me recibí de bachiller en el colegio de Carlos Casares. Para suplir algunas carencias curriculares, mis padres me obligaron a tomar clases con una profesora particular durante todo el verano en Buenos Aires. En esa época, para ingresar a la Facultad de Ciencias Económicas de la Universidad de Buenos Aires nos anotábamos unas cinco mil personas y lograban ingresar solo ochocientas. Por las dudas, también di el examen de ingreso en la Universidad de Belgrano, pero, por suerte, pude entrar en la UBA, que era donde deseaba estudiar.

Cuando llegó el momento de trasladarme a la "Capital", como decíamos, resultó difícil: lloraba todos los domingos, pensando que me despedía de mis amigas, que nos separábamos y que me iba a vivir sola; en realidad viviría con mi hermano, pero iba a estar lejos de ellas y de mi familia.

La partida fue casi una mudanza. No solo me llevé ropa y libros, me acompañaron cuadros y objetos con valor afectivo. Así fue que mi hermano Gustavo y yo nos instalamos en un departamento en la zona de Palermo, que pasó a ser mi nuevo barrio. No me sentía muy bien viviendo en Buenos Aires, me resultaba raro subir al ascensor y no saludar o no conversar con quien estaba a mi lado porque era un desconocido; tampoco podía saludar y menos hablar con alguien que iba caminando por la calle. Estaba acostumbrada a que en Casares nos saludábamos y me gustaba hacerlo, pero en la ciudad todos eran desconocidos.

Viajaba a la facultad en el subte de la línea D, o en bicicleta. Así fue que empecé a cursar el primer año de Administración de Empresas. Pero no entendía casi nada de las materias contables; en cambio mis compañeros, que eran peritos mercantiles o egresados del Colegio Nacional Buenos Aires, estaban más avanzados que yo y entendían todo; eran muy buenos y a mí no me gustaba sentir que era de las peores estudiantes. Fue en ese momento que cambié de opinión y de carrera; me decidí por la Licenciatura en Economía, no solo porque tenía menos contabilidad, sino porque descubrí que me atraía más el conjunto de materias. Y esa fue mi elección, olvidándome de que, si pensaba regresar a Carlos Casares, con ese título y en una ciudad chica no tendría mucho por hacer, no existían grandes posibilidades laborales para un egresado de esa carrera. ¿Qué haría una economista allí?

> Conocí a Andrea en 1982, en el primer año de nuestra incursión en la Facultad de Ciencias Económicas de la UBA. Ambas seguimos la carrera de Licenciatura en Economía, así que a partir de ese primer año cursamos todas las materias juntas hasta obtener el título. Éramos la "pareja despareja": ella, con una altura considerable y yo, una inspectora de zócalos, pero siempre juntas de acá para allá. Andrea era una persona muy fácil de tratar, siempre con buen humor, generosa, abierta, sociable. Recuerdo mi etapa universitaria y no puedo dejar de evocar esas tardes de estudio para preparar exámenes con el mate y las galletas de gluten, infaltables en la dieta de Andrea. El tiempo y la distancia han hecho que no tengamos un contacto cercano en la actualidad, pero nada va a poder borrar de mi recuerdo esos años ni el cariño que tuve por mi gran amiga y compañera de estudios.
>
> *Mercedes "Pachi" Juaristi Llorens, amiga*

Cursaba tres materias por cuatrimestre –que era lo máximo que se aceptaba–, las promocionaba y me presentaba a una libre. Me parecía todo muy fácil y creí que podría "zafar" sin consecuencias, me tiraba "lances"; el resultado: en la novena materia del primer año me "bocharon". Esa experiencia me sirvió para no menospreciar los exámenes, para saber que siempre hay que estar preparado.

En ese tiempo hice otros aprendizajes: supe lo que era preparar una materia, dar oral, sacar bolilla, y frecuenté otro tipo de personas, con un léxico diferente al de la provincia, y hábitos también distintos de los que, en mayor o menor medida, todos teníamos en Carlos Casares. Descubrí que para la vida es importante conocer gente, aprender a relacionarse, ir a la universidad, escuchar y aprender de y con otros. Y eso es algo que intento inculcarles a mis hijos; pasar por la universidad forma en muchos aspectos: da disciplina, organización y metodología de estudio, se aprende cómo prepararse para rendir materias, cómo posicionarse frente a la autoridad; uno aprecia los resultados de sus propias acciones, de su esfuerzo, de su estudio. Al frecuentar a distintos profesores, se aprende a tratar con personalidades diversas, y todo eso ayuda a modelar y fortalecer el carácter.

No solo aprendí a estudiar, a rendir exámenes, a vincularme con gente nueva, sino también a administrar mi vida, el dinero que me daban mis padres. Controlaba todo lo que gastaba y redactaba un informe con ello, hasta con porcentajes de cuánto habíamos destinado a comida, viajes y algún lujo… Como vivía con Gustavo, lo hacíamos juntos y nos potenciábamos.

Si bien no éramos tan pobres como cuenta papá que eran mis abuelos cuando él era chico, y estábamos en una mejor situación económica que la que él había vivido, al ver el gran esfuerzo y el trabajo de mis padres en esos años no queríamos gastar de más. Recuerdo que ellos me insistían para que me comprara ropa, pero a mí no solo no me interesaba sino que creo que no lo hacía para cuidar los gastos. Simplemente, no era mi prioridad.

Conocí a Andrea en el primer año de la facultad. No recuerdo cuál fue la primera materia, pero juntas cursamos varias de los dos primeros años de la carrera, dado que luego nos tuvimos que separar cuando decidimos seguir carreras distintas; ella Economía y yo, Administración.

Por entonces, recuerdo muy bien su estilo: súper espontánea, abierta e inteligente. Yo era estudiosa, buena alumna y destacada en matemáticas, pero enseguida pude darme cuenta de que Andrea era mucho más rápida que yo. Para ella todo era "una pavada", siempre.

Nos juntábamos a estudiar en su departamento de la avenida Coronel Díaz, cerca de la facultad; comíamos como locas cuando tomábamos mate y la pasábamos muy bien. Estudiábamos en el comedor, un rato nomás, a veces junto a Gustavo, que estaba en sus finales de carrera.

Un verano fuimos con otra compañera de esa época a Carlos Casares, un fin de semana, y allí conocimos a su familia y amigos de toda su vida, fuimos a bailar, ¡y salimos en el diario local! (incluso creo que allí conocí a Walter, que la pretendía desde muy jóvenes, una perseverancia ya muy reconocida).

Recuerdo una anécdota: un día nos juntamos en su casa a tomar mate y, en el camino, buscamos algo para comer en Los Dos Chinos. Pedimos una torta de limón y nos trajimos un *lemon pie*. Ya en su casa, lo probamos y no nos gustó. Ella empezó a decir que la torta estaba fea. Fuimos de vuelta al negocio, y cuando reclamamos, salió el repostero y nos hizo probar a todas la misma, asegurándonos que la torta no tenía problemas. Y era verdad. Lo que pasó es que a ella no le había gustado. En fin, que salimos de allí riéndonos como chiquilinas, a los gritos.

Desde que nos recibimos, por la misma época, seguimos en contacto, con mayor o menor frecuencia, hasta ahora. Cuando nos casamos, casi al mismo tiempo llegaron nuestros hijos.

Andrea es, por sobre todas las cosas, una muy buena persona, súper capaz, sencillísima, y con una capacidad de hacer increíble. Yo la quiero y admiro muchísimo. Un verdadero placer haberla conocido.

Mónica Grobel, amiga

Pero, en realidad, extrañaba Carlos Casares, razón por la que aceleré mis estudios cursando, promocionando, dando exámenes libres. A ese paso terminé la carrera rapidísimo, en menos de cuatro años. A los 21 ya estaba recibida. Pensé seguir estudiando Administración de Empresas y como me habían ofrecido ser ayudante de una cátedra de Guido Di Tella en la UBA, resolví quedarme algún año más en Buenos Aires, pero ciertos acontecimientos familiares se precipitaron y volví a Casares.

Volver con las valijas llenas de proyectos

En el momento del regreso, mi padre, Adolfo Grobocopatel, estaba construyendo la empresa familiar agrícola; hacía un año se había incorporado Gustavo y me invitó a sumarme. Pero mucho antes de eso, yo sabía que terminaría trabajando con él y en Carlos Casares. Mi padre me había sugerido que estudiara para contadora pública, pero como comenté antes, me incliné por estudiar Economía. Me gustaban la visión y la amplitud mental que transmite esa carrera.

Cuando llegó el momento de regresar, se impuso la realidad y me di cuenta de que iba a ser difícil desarrollarme como economista en el interior y quise empezar Administración de Empresas. Realicé un curso en la UBA de Administración Agropecuaria, en el que aprendí sobre costos y nociones de contabilidad del negocio agropecuario. Y si bien pensé en seguir estudiando y quedarme tal vez un par de años en Buenos Aires –para trabajar en la UBA, como dije–, se impusieron otros motivos para el regreso. Además, ya estaba de novia, otro aliciente. Pero me quedé con ganas de continuar estudiando, no sólo en el país, sino también de cursar algún posgrado en el exterior.

Es importantísimo para los jóvenes pasar por la universidad o que cursen una carrera terciaria, aunque también es cierto que uno complementa su formación trabajando.

La conocí a Andre, como la llamo yo, en 1982, cuando cursamos Cuentas Nacionales, nuestra primera materia juntos. Era "hermana melliza" de Pachi, su amiga rubia y petisa (le llegaba a las rodillas), porque era estudiosa como ella. No recuerdo cuántas materias cursamos juntos, estudiando en el modesto departamento de Coronel Díaz, pero lo que sí recuerdo es que yo siempre quedaba atrás en todo. ¡Ellas iban a mil! Con el tiempo me di cuenta de que yo no era tan tonto. ¡¡¡Ellas eran unas "tragas"!!!

Aunque terminamos la carrera, continuamos en contacto, vaya a saber por qué. Andre seguro se graduó antes que yo, pero la relación siguió. Empezamos a ir al campo a visitarlos. Grandes recuerdos de La Unión: cabalgatas, asados, "fulbos" con Adolfo, Walter, Gustavo, Juan.

Adolfo, su padre, nos llevaba a las 5 de la mañana a ver las vacas, y a ordeñar. Después vinieron los casamientos y al poco tiempo llegaron los chicos. Recuerdo como si fuera hoy cuando nació Agus. Yo nunca había sentido algo tan próximo como lo que les tocó a ellos; después la vida me enseñó a ver el sufrimiento y la angustia de cerca. De alguna forma siento que eso me acercó más a ella.

Hace poco me comentó que Pauli le dijo que "ya no nos reímos como antes". Eso me dejó pensando, y mucho. Aprendimos que la vida nos pone obstáculos, que algunas cosas no son como querríamos, pero lo que tenemos es la capacidad de dar y recibir cariño, amor, unas familias que nos quieren y que adoramos. Y amigos con quienes compartir las cosas buenas –y las no tanto– de la vida.

A pesar de la distancia y de los años que llevo viviendo fuera del país, la relación se fortaleció. Andrea es piola, linda, divertida, le preocupa el otro y tiene una linda familia. Ojalá se cristalicen sus deseos y pueda disfrutar, a otra velocidad –que no significa menos intensidad–, lo mucho que ha conseguido.

Julio Harari, amigo

Una elección afectiva

Walter, mi marido, es único hijo, y cuando fue a estudiar a Buenos Aires su mamá se mudó con él; lo acompañó toda la carrera para que no estuviera solo y no le faltara la comida cuando regresaba de la facultad. Indudablemente, en todo momento estuvo atendido y agasajado. Por su parte, su papá le procuraba todo lo que necesitaba y siempre le compraba el mejor auto.

Él fue buen hijo y obediente, estudió Abogacía por y para ellos. Durante años creí que le había quedado pendiente ser profesor de Educación Física, porque era excelente para los deportes y le gustaba entrenar, fundamentalmente en vóleibol, ya desde chico. Hoy me doy cuenta de que lo que más lo apasiona es la política.

Estuvimos cuatro años de novios. Para ese entonces, ambos ya estábamos recibidos y vivíamos en Casares, por eso decidimos casarnos.

Él es católico, acostumbraba ir a misa los domingos; en cambio yo soy judía, muy respetuosa de las tradiciones y la cultura. Formamos una familia multi-religiosa. En 1988, nos casamos en el Registro Civil de nuestra ciudad e hicimos una fiesta en Buenos Aires, porque en Carlos Casares no había salones grandes y al campo no se podía llegar porque fue aquella una época de grandes inundaciones en esta zona; los caminos estaban cortados y era imposible festejar en el campo como nos hubiera gustado.

Soy amiga de Gaby Grobo desde los nueve años. Andrea es su hermana mayor, nos lleva tres años; a una determinada edad esa diferencia se convierte en una barrera. Sin embargo, eso no impidió que en la adolescencia surgiera entre nosotras una sólida amistad.

Andrea siempre estuvo atenta a su cabello y comenzó a hacerse *brushing* a los quince años. Recuerdo un verano en que, con 35°C de temperatura, a las 4 de la tarde, andábamos lidiando con cepillos y secadores para que el pelo le quedara con todas las puntas hacia afuera. Se lo había propuesto y nada la desalentaría, ni la hora ni el calor.

En esa época, tenía varios enamorados, pero no se puso de novia con ninguno. Se le había metido en la cabeza que no iba a tener novio, que era chica y tenía que disfrutar con sus amigos. De esos pretendientes que la rondaban, todos hacíamos fuerza por Walter. Si alguien la esperó, fue él.

Cuando terminó la secundaria, estaba triste, le daba mucha pena irse de Casares. Pero como sabía lo que quería estudiar, hizo sus valijas y se fue pensando en volver, tal como se lo había propuesto, según el mandato y su deseo.

Luciana Tomás, amiga

Creo firmemente, como me enseñaron mis padres, en la importancia de sentir pasión por lo que uno hace, de perseguir los sueños y de no rendirse ante el primer traspié; persistir en la búsqueda de lo que uno desea, estar preparado para los cachetazos que se presenten en el camino y levantarse después de cada golpe.

Pasión y perseverancia. Para mí, dos valores fundamentales que son y fueron el eje de mi formación.

CREAR Y FUNDAR

"Existen genios en el comercio como en la guerra, o la política, o las letras; y la razón por la que este o aquel hombre es afortunado no puede saberse. Reside en el hombre: esto es todo lo que puede decirse al respecto."

Ralph Emerson

Mi paso por Los Grobo

Si bien el caso Los Grobo se estudia en varias universidades locales y extranjeras, querría destinar una parte de mi libro a escribir acerca de mis aprendizajes y experiencias, dar mi punto de vista sobre cómo viví cada etapa de la construcción de nuestra empresa ya que no siempre pude hacerlo.

Antes de avanzar en la escritura de este capítulo, me di una vuelta por el diccionario de la Real Academia Española para buscar la palabra "empresa". Y leí: "Acción o tarea que entraña dificultad y cuya ejecución requiere decisión y esfuerzo". Sin duda, construir una *Pyme* no es fácil, hacerla requiere "decisión y esfuerzo".

Creo que el valor agregado con el que cuentan los emprendimientos familiares, que se suman a lo dicho, son el orgullo y el compromiso. "Las familias en la empresa hacen que sea una prioridad transmitir el conocimiento, la experiencia y las habilidades a las generaciones siguientes", dije en una nota que me realizaron en *El Cronista*, el 8 de enero de 2011.

Pero, ¿qué se entiende por empresa familiar? Es un ámbito donde se articulan dos sistemas sociales: la familia y la empresa. Existen algunos requisitos: que una familia sea propietaria de la empresa con algún nivel de participación, que sus miembros trabajen todos o solo algunos de ellos y, fundamentalmente, que exista un propósito de continuidad, hacer que esa empresa integre el patrimonio familiar y vislumbre un futuro.

Hay relaciones recíprocas entre ambos componentes; por eso el éxito depende en gran medida de la inteligencia que se aplique para que el entramado familiar funcione en la empresa. Por un lado, la familia tiene su historia, su pasado, su propia dinámica, su futuro, su proyección, los hijos, los nietos. La empresa se constituye a partir de ese núcleo, impulsado por un fundador, un pionero, que estuvo en el comienzo de todo. Por otro, hay una empresa que debe operar con las reglas de negocios sujetas a su vez a las reglas del mercado y la competencia.

Pertenecer a una familia, como todo en la vida, es un plus importante, tiene enormes ventajas, pero al mismo tiempo coexisten los peligros que surgen de no saber manejar correctamente los afectos y las relaciones personales.

En este capítulo quiero remarcar lo importante que fuimos todos en la construcción de Los Grobo. Si bien el grupo tuvo como líderes a Adolfo primero y luego a Gustavo, el resto de la familia, desde su lugar y su ámbito, en lo que pudo y quiso, colaboró.

Mis hermanas son accionistas, fueron y siguen siendo muy valiosas apoyando y acompañando siempre. Hay que reconocer que esto no ocurre en muchas empresas: no es común que todos se interesen, que hagan, que tomen decisiones y no coloquen palos en la rueda.

En mi caso, pude agregar competencias y habilidades que no tenían Adolfo y Gustavo, complementándolos. Ello le dio una impronta diferente a la empresa, le aportó esa cuota de diversidad por la que hoy tanto pregono, y que es vital para la sustentabilidad y la mejor toma de decisiones.

Si bien Los Grobo como tal nace en 1984, las raíces que dieron origen al emprendimiento se remontan al comienzo del siglo XX y están impregnadas de aquella cultura. Por ese motivo, antes de adentrarme en contar cómo el emprendimiento crece y deviene en el grupo empresario que es hoy en día, deseo hacer un breve repaso y mencionar los principales hitos que se produjeron a lo largo de ese siglo, porque así se entenderá de dónde vengo, mis raíces, mis genes, así como también los de las empresas que fundamos.

Una historia familiar

1912. Tiempo de emigrar y arraigarse

El origen de mi familia es ruso-judío. Abraham Grobocopatel, mi bisabuelo, con su esposa Flora Dujovne y sus cinco hijos, emigraron desde Besarabia –aún hoy dudamos si sería la actual Rumania, el sur de Rusia o Ucrania, donde no hace mucho tiempo miembros de mi familia encontraron tumbas Grobocopatel.

Eran años en los que tenían que huir por la guerra y la escasez de alimentos; y salieron hacia la Argentina porque en Europa se comentaba que serían bien recibidos (como se sabe, entonces nuestro país contaba con un estímulo inmigratorio impulsado desde el Estado). La primera escala fue Porto Alegre; papá suele decir que no somos brasileños por casualidad, porque les habría gustado quedarse de no haber sido que, como era enero y hacía tanto calor, prefirieron seguir viaje hacia una tierra menos calurosa.

Cuando llegaron a la Argentina, se radicaron en la zona que hoy abarca el partido de Carlos Casares. Por supuesto, desconocían el idioma. La casa que les destinaron era muy humilde, de barro.

En ese momento, comenzaron a llamar al pueblo Colonia Mauricio, porque allí se establecieron los emigrantes traídos por el barón Maurice Hirsch, quien deseaba brindar una alternativa de progreso a los judíos segregados de Europa Oriental. Esos contingentes y sus descendientes crearon colonias agrícolas en nuestras pampas, luego se los conoció como "los gauchos judíos".

Mi bisabuelo recibió 15 hectáreas para que las trabajara en un pueblito llamado Moctezuma, y así se inició con su hijo Bernardo, nacido en 1905, quien en 1920, con quince años, empezó a trabajar para un productor vecino que tenía 2.000 hectáreas. Su primer oficio fueron los forrajes y el pasto (el combustible de aquella época). Y otra de sus tareas, darles forma a las parvas de trigo, ya que no existían las cosechadoras. Todos trabajaron desde muy jóvenes, con mucho esfuerzo y en familia.

Y qué poco hablamos de las mujeres. Solo recuerdo que Flora era muy trabajadora y muy alta. ¿Somos altos por los genes de esa parte de la familia? Papá siempre cuenta que se autoabastecían: tenían horno para hacer el pan, ordeñaban una única vaca lechera, hacían huertas y gallineros. No compraban nada.

Este recuerdo me motiva a pensar que hoy, 100 años después, con un proyecto de articulación de empresas, fundaciones, escuelas y el propio municipio, estamos tratando de lograr lo mismo, volver a la agricultura familiar, que la gente se abastezca de productos orgánicos producidos por ellos mismos.

1930. De peón a contratista

Mi abuelo era un incansable trabajador, también emprendedor; logró superar la adversidad y crecer: pasó de recibir órdenes a convertirse en líder de un equipo. Con el tiempo, pudo comprarse dos carros y tener doce caballos, necesarios e importantes para movilizarse y para las tareas agrícolas. En 1948 pasó a ser "patrón", dueño de una empresa acopiadora de pasto; aun así no descuidaba a sus cuatro hermanas y a su padre, que había quedado sordo por una enfermedad.

Los colonos judíos de Europa del Este, aun en su reducido equipaje, habían traído –algunos dicen que en los bolsillos de sus sacos– semillas de girasol. Mi abuelo fue uno de los pioneros en sembrarlo en Casares.

A los judíos les gustaba comerlo; alguna vez contó que, luego de tocar las semillas, sus manos y las de su patrón quedaban un poco grasosas, por eso aquel "empresario" decidió enviar las bolsas a Buenos Aires; fue precisamente allí que descubrieron el uso industrial del girasol.

Por su trabajo, esfuerzo y tesón, mi abuelo llegó a contratista rural y luego a propietario de tierras; tenía 140 hectáreas cuando falleció. Su vida fue un ejemplo y un estímulo para mi padre.

Estaba casado con Paulina, una mujer muy simpática, excelente cocinera y ahorrativa. Alrededor de 1950, con la expectativa de que sus hijos terminaran la escuela secundaria y la necesidad de seguir de cerca cuestiones administrativas y financieras, se trasladaron a Carlos Casares.

1960. Las primeras hectáreas

En la década de 1960, Bernardo se separó de su socio Iscoff y, con sus tres hijos –Samuel, de 26 años; Adolfo, 23; y Jorge, 16–, alquilaron 1.000 hectáreas de tierra para cultivos y ganado. Pero la sequía los obligó a endeudarse y decidieron vender las 100 hectáreas propias para pagar las deudas contraídas. Parece increíble pero era efectivamente así: en aquella época alguien se relacionaba con un Banco y este le daba un préstamo sin un balance ni patrimonio, solo porque la persona infundía confianza, porque era trabajadora y honesta.

Bernardo murió en 1967; sus tres hijos ya adultos continuaron cultivando juntos hasta 1979. Hasta ese momento, también compraban y vendían hacienda, aunque la principal actividad era hacer semillas de forraje, pasto y alfalfa; una parte solo como semilla y otra para fardo.

Los tres eran muy habilidosos para los negocios; así adquirieron campos y llegaron a sumar 4.500 hectáreas de su propiedad. Pero en aquel año, por iniciativa de Lito, el mayor, dividieron esas hectáreas entre los tres: 1.500 para cada uno. Adolfo y Jorge continuaron juntos en la actividad, compraban y vendían hacienda e incrementaron su importancia económica abarcando otras etapas de la cadena: el acopio de granos y la comercialización. Ambos construyeron la primera planta de silos de 5.000 toneladas cerca de las vías del Ferrocarril Sarmiento, el ferrocarril del Oeste. La sociedad se mantuvo hasta 1984, año en el que cada uno había sumado 3.500 hectáreas de campo.

1984. Se suma la tercera generación a la empresa

Adolfo, mi padre, acostumbrado a medir el éxito en hectáreas, deseaba ser un gran estanciero. Y logró su objetivo. En esa época, se trabajaba de sol a sol, incluso sábados y domingos. En los 80, con 45 años, había sumado un buen número de hectáreas propias y cuatro hijos.

En 1983, mi hermano Gustavo se recibió de ingeniero agrónomo; en la Facultad había aprendido mucho sobre manejo y conservación de suelos y la importancia de innovar en tecnología agropecuaria, por lo que les propuso a papá y a mi tío modernizar la empresa: introducir cultivos alternativos a los que ya venían haciendo –girasol, trigo, maíz–, como la soja, y también algunas prácticas novedosas de gestión empresarial.

Como no pudieron unificar criterios sobre lo que deseaban hacer y el modo de llevarlo adelante (es más fácil para un padre dar lugar a sus hijos que un tío a sus sobrinos), de común acuerdo decidieron dividir los bienes y cada uno creó su propia empresa. Papá y Gustavo se quedaron con una sociedad dueña de campo, Los Grobo Agropecuaria SA.

De esta etapa aprendí que es importante escribir todo lo que se negocie y acuerde; ellos lo hicieron con la ayuda de un profesional, su contador, una persona de confianza. También entendí que hay que separarse cuando las visiones no son compartidas, y que hay que hacerlo rápidamente, no es aconsejable dejar pasar el tiempo.

Y en este punto de la historia familiar, aparezco yo, recién recibida de licenciada en Economía.

Recuerdo ese verano de 1984 como si fuera hoy. Estábamos en la pileta de mi casa, mi padre y mi hermano me "presionaban" para que trabajara con ellos, me decían que era el momento de hacerlo, que me necesitaban. No me olvido de esta frase: "Hoy tenés lugar, mañana no sabemos".

Me acoplé inmediatamente y, con el día a día en la empresa, comprendí que tendría que haber estudiado para ser contador público. Conclusión: cuando empecé a trabajar, era más administradora que economista. Con el tiempo fui una experta en el área contable y, contra todos los pronósticos, me encantó la tarea.

Algo muy positivo que tengo presente de mi padre en esos años es que siempre fue una persona muy abierta. Cuando tomó la decisión de separarse de su hermano en el negocio, lo hizo para darnos mayor espacio a nosotros, sus hijos, para que pudiéramos experimentar y desarrollarnos.

Veía que estábamos bien formados, que éramos profesionales e innovadores, y nos dio una oportunidad.

Su estrategia fue "probarnos y abrirnos el camino" de a poco. Transcurrido cierto tiempo vino y me dijo: "Mirá, no quiero saber nada con la parte contable. De ahora en más, sos la responsable". Y listo. Solía señalar: "No estoy en nada, pero estoy en todo". Claro, no ejecutaba pero controlaba todo. Él nos permitió hacernos cargo de áreas muy importantes en la empresa desde muy jovencitos. Con veintiún años, yo estaba operando en Los Grobo. En esa época hacía lo que surgía, lo que se necesitaba, desde atender el teléfono, ser recepcionista o cadete, ir al banco, cargar datos, archivar, liquidar sueldos, impuestos, conciliar bancos, liquidar granos. Papá me enseñaba que había que atender bien al cliente, entonces me sentaba a conversar con quien llegaba a la oficina para que no se aburriera. En ese sentido, debo admitir que las relaciones públicas me gustaban y me siguen gustando.

Como en todas las Pymes familiares, siempre hay una persona que es la mano derecha del fundador; Los Grobo no fue la excepción. Cuando papá se separó de mi tío, este hombre de confianza fue el único que se quedó con él para llevar adelante todos los temas administrativos. Estaba a cargo de la parte contable. Tenía una letra maravillosa, pero no sabía enseñar, o no podía destinar tiempo para hacerlo. Papá quería que aprendiera de él; sin embargo, yo quería "hacer", pero él no me daba tareas y no me enseñaba casi nada. Al final del día me sentía muy inútil. Llegaba afligida a mi casa (a mi regreso de Buenos Aires volví a vivir con mis padres) y le contaba lo ocurrido a papá, que me decía: "Sentate al lado de Juan, observá todo lo que hace y vas a aprender".

Por esas cosas de la vida, Juan se enfermó, o lo operaron, y debió guardar reposo unos cuantos días en su casa.

Entonces tomé sus grandes planillas cuadriculadas y empecé a liquidar impuestos, contabilizar, hacer cheques y todo lo relacionado con el área. Si tenía alguna duda, iba a verlo, me sentaba al lado de su cama y lo consultaba. Así terminé haciéndome cargo del área Administración y Finanzas. Fui la única persona que se ocupó del tema en los primeros cuatro o cinco años, ya que esta persona se hizo responsable de la administración de granos.

Sin duda, el aprendizaje de la Facultad fue un buen cimiento para mi desempeño, pero el *master* lo obtuve en la Universidad de Los Grobo, donde construí el resto del edificio. Si soy buena contadora o administradora es gracias a la Universidad Grobo, a la experiencia cosechada en esta empresa.

Cuando me preguntan cómo ha sido la vivencia de transformar una empresa familiar, una Pyme de un pueblo del interior de una provincia en una gran firma agroindustrial con presencia en otros países de la región, respondo que la fórmula es mucha dedicación, muchas negociaciones. Y me vienen a la mente algunas frases de mi padre: *"Aprender de los errores o de las dificultades, siempre que no cuesten mucho dinero"*; *"El que no cuida lo poco, tampoco cuida lo mucho"*, por lo cual nos hacía contar las monedas. También, *"El que tiene tienda que la atienda, y si no, que la venda"*. Quería que estuviéramos al frente, que nos ocupáramos seriamente del negocio.

Siempre he considerado que mis padres fueron también padres del éxito de Los Grobo. Su rol fue fundamental. Mi abuelo Bernardo había introducido a papá poco a poco en el negocio; desde chico lo mandaba a comprar terneros o algún pasto. Y, siguiendo su ejemplo, paulatinamente papá trató de enseñarnos a nosotros también. Le gustaba que lo acompañáramos al campo, conversábamos sobre distintos temas, nos contaba lo que hacía, nos preguntaba qué pensábamos y nos tomaba lección para comprobar que habíamos prestado atención e incorporado lo que estaba a nuestro alrededor. *"¿Qué es esto?"*, preguntaba. Quería que supiéramos decir si lo sembrado era trigo, girasol o una pastura.

Él me dio lugar y me escuchaba, quería saber mi opinión sobre todos los temas, nunca me sentí discriminada, pero, a la vez, hay que considerar que fui su alumna más aplicada, trabajaba a la par de él.

Nada me distraía. Al regresar a Carlos Casares solo dediqué algunas horas semanales a dar clase en el Colegio Nacional a alumnos de la escuela secundaria, por la mañana o por la noche. Dictaba algunas clases de Administración o Matemática para cubrir a algún profesor que pedía licencia o faltaba. Podría decir que trabajaba en la empresa más de catorce horas por día, en muchas ocasiones no dejaba la tarea ni para comer. En esos años, Gustavo viajaba muy seguido; era docente de la cátedra de Manejo y Conservación de Suelos en la UBA y su pasión por la música lo llevaba a tomar clases de canto en Buenos Aires, por lo que estuvo un poco ausente del día a día en Los Grobo.

Papá nos transmitió lo que había aprendido del suyo, lo que llamamos la "cultura Grobo": cómo atender al cliente, cómo hacer negocios, cómo relacionarse; también el "olfato comercial" y la importancia de cobrar las cuentas y honrar las deudas.

A ello hay que agregarle la austeridad y algunas restricciones. Es el día de hoy que tiene un avión personal y no lo presta; si necesitamos usarlo, cobra el vuelo y la tarifa es de mercado, si bien él asegura que es al costo. Recorrer la Ruta 5 en auto no es lo mismo que hacerlo en avión –una hora de vuelo a Buenos Aires y cuatro en automóvil–; sin embargo lo entiendo "un poco", ya que somos cuatro hijos y catorce nietos, y él no quiere hacer diferencias.

Cuando Andrea empezó a hablar, ya transmitía su pasión por el trabajo. ¡Quería ser mi secretaria!

Fue duro, como el comienzo de cualquier actividad. Las finanzas, los bancos, todos fueron al principio obstáculos que ella fue venciendo por su gran tenacidad.

Su evolución se hizo "andando", aprendiendo y comprometiéndose con cada problema que se presentaba.

El aporte más importante fue su convencimiento, su simpatía ("una dulce"), la buena llegada a los clientes, a los directores de bancos. Yo diría que su talento es la Pasión por lo que hace. Cuando se fija una meta, la cumple, la logra.

Es muy difícil hablar de un hijo, parecería que todo es bueno, pero realmente yo la defino como "excelente" en todos los aspectos, empresariales, personales, lo cual la lleva a ser "la mejor persona del mundo". Lleva felicidad a los que la necesitan, une a personas para que sean felices.

Con Andrea tenemos mucho en común, diría que es muy parecida a mí, es una buena "Relaciones Públicas", es simpática, se hace querer, es solidaria y participativa.

Defectos no tiene. ¡¡¡ES MUY BUENA PERSONA!!!

Adolfo Grobocopatel, padre

De pequeña empresa familiar a grupo empresario internacional

El desarrollo y crecimiento de una Pyme atraviesa distintas etapas. En los programas de gestión para Pymes que actualmente desarrollamos en universidades o a través de la fundación FLOR –Fundación Liderazgos y Organizaciones Responsables–, recurrimos a un esquema conceptual –estimo que ya bastante difundido– que nos permite dar cuenta de cómo se produce esa evolución, y que puede ser útil para explicar el proceso que atravesó Los Grobo en estos treinta años. En el esquema se diferencian cuatro etapas, según dónde se coloque el eje a la hora de gestionar:

La **etapa uno** es el momento en el que la idea entra en acción, nace el emprendimiento, se crea un producto y, en consecuencia, un mercado. Su eje es la creatividad.

La **etapa dos** es el período en el que el negocio prospera, debe ser de crecimiento sostenido. Su eje es la consolidación.

La **etapa tres** es de desestabilización y cuestionamiento de la empresa. El cambio es su eje.

En la **etapa cuatro** se produce la profesionalización, la reorganización de la empresa. El eje es la sistematización.

Todo negocio que se inicia y se va constituyendo como empresa atraviesa las primeras etapas, por lo que se considera que ellas responden a la evolución "natural" de todo emprendimiento que logra ser exitoso y sobrevivir en el tiempo. La dificultad que enfrentan las Pymes en la tercera etapa es que la crisis inevitable que su propio funcionamiento conlleva no se puede superar si no se recurre a las decisiones específicas. La empresa que quiere sobrevivir a esa crisis necesita revisar su negocio, definir una estructura clara de responsabilidades y roles, explicitar los procesos, los indicadores de éxito, los mecanismos de delegación y control. Finalmente, la cuarta etapa, de profesionalización, solo puede transitarse si existe en los dueños la voluntad de hacerla.

Si tomo como referencia este esquema y pienso en el camino recorrido por Los Grobo, puedo enumerar algunos aspectos salientes de cada etapa. A continuación, procuraré describirlas para poder rescatar sus principales desafíos y contar cómo las abordamos.

Primera etapa: inicio del emprendimiento

Si bien la empresa tuvo como raíz los emprendimientos agropecuarios de mi abuelo y de mi padre, cuando se produce la escisión del negocio con mi tío y se comienza una nueva etapa –de la que participamos mi padre, mi hermano y yo–, ahí nace Los Grobo como embrión de lo que es en la actualidad.

En ese sentido, podemos considerarnos fundadores de la empresa. En esos primeros años los tres teníamos una orientación técnica o *entrepreneur*, y creo que sabíamos poco o no podíamos prestar atención a las herramientas utilizadas para llevar adelante la gestión o para definir cuestiones estratégicas del negocio. Nuestras energías mentales y físicas estaban absorbidas enteramente por la ejecución, por la siembra, la cosecha, la atención de los clientes que nos entregaban sus granos o nos compraban insumos; también por la cobranza y los pagos.

Todo lo que hacíamos era muy rentable. Lo que el negocio producía se reinvertía. Priorizábamos, como la mayor parte de los emprendedores, la austeridad y el esfuerzo como motores de crecimiento del negocio.

Siendo pocos, la comunicación entre los empleados era frecuente e informal. En general, nuestro contacto con clientes y proveedores también era directo, cara a cara. De las seis personas que trabajábamos en esa época, el 50% éramos de la familia, por lo que el trato era sencillo, directo y afectuoso. La empresa era la familia y la familia, la empresa. Las jornadas de trabajo eran largas y los salarios, muy modestos. Pero el entusiasmo por crear, por emprender era un motor sin igual que me hacía priorizar Los Grobo ante cualquier otro proyecto personal.

Recuerdo que, entre 1985 y 1987, hubo una inundación importante en la provincia de Buenos Aires, motivo por el cual quedaron bajo el agua muchas tierras de cultivo. No sabíamos con certeza si se recuperarían rápidamente, y arrendamos algunos campos a productores ganaderos ubicados en otras zonas; en ellos plantamos maíz y les pagamos a los dueños con pastura sembrada. Esa decisión, fruto de la desesperación, fue clave para salir adelante y aceleró la expansión. Los Grobo sembró 4.000 hectáreas en 1987 y rápidamente aumentó a 10.000 hectáreas en 1989. El crecimiento de la compañía fue notorio a partir de ese año.

En la década de 1980, recurríamos a nuestras propias máquinas para las tareas agrícolas, pero en los años 90 elevamos notoriamente la producción y comprobamos que lo que teníamos no nos alcanzaba para tantas hectáreas. Como no era factible comprar toda la maquinaria que precisábamos, lo tercerizamos con contratistas.

Si tuviera que definir una característica de mi desempeño durante esta etapa, diría que fui una trabajadora incansable. Pero no todo era trabajo, me gustaba conversar con la gente, estar al tanto no solo de los temas laborales, sino también de los personales.

En Los Grobo nunca noté diferencias por mi condición de mujer, ni pensé "esto no lo puedo hacer". Es cierto que no me subía a los camiones para "calar" –analizar la calidad y la humedad del grano–, pero solo porque tenía muchas tareas administrativas y había quienes hacían el calado; sin embargo, si hubiera tenido tiempo y hubiera sido necesario, no dudo de que también lo habría hecho.

En más de una oportunidad me preguntaron cómo fue mi inserción en el mundo machista del campo. Siempre respondí que había sido fácil, que no me había resultado dificultoso, como a otras mujeres en otros ámbitos, pero en este momento que repienso el tema, lo veo diferente. Provengo de una familia de cultura machista. Papá estaba preocupado por haber tenido tantas hijas mujeres, siempre pensaba quién iba a llevar adelante la empresa. Creo que trabajé tanto que logré que cambiara de idea (debo de haber sido muy esforzada y empecinada); comprobó que una mujer podía ser tan buena como un hombre, que mi aporte beneficiaba a la empresa, no era inconsistente en lo que decía, merecía ser escuchada y ser tenida en cuenta en la toma de decisiones.

Seguramente, mi ejemplo logró el cambio de paradigma en la familia y en Los Grobo; de algún modo fui pionera en ese aspecto y hoy la presencia de mujeres en cargos de decisión no parece ser un tema conflictivo. Escucho a los gerentes, complacidos por tener en sus equipos a mujeres, a las que valoran y quieren promover.

A lo largo de la historia de Los Grobo, aparezco acompañando a papá y a mi hermano, tal vez porque mi tarea, aunque importante, tuvo menos visibilidad. Pero en esos años éramos un equipo, cada uno daba lo mejor de sí y las decisiones eran conjuntas.

Segunda etapa: el negocio prospera

Transcurridos los primeros cinco años, se inicia un período de crecimiento sostenido, se reinvierten todas las utilidades; generalmente, quienes están en el negocio agropecuario compran campos. En nuestro caso, habíamos sembrado todas las hectáreas propias y teníamos muchos productores que querían comercializar sus granos con nosotros, tanto porque les ofrecíamos buenos precios como porque la atención era buena. Como es propio de esta segunda etapa, el negocio se consolidó.

Había que pensar entonces en una estructura organizacional funcional para separar las principales áreas del negocio. Así, redactamos el primer organigrama. Los trabajos se tornaron algo más complicados. Necesitábamos mejores sistemas de contabilidad. Seguíamos trabajando muchas horas, los volúmenes se incrementaban.

Armamos nuestros primeros *cash flow* o presupuestos. Incentivábamos a la gente trabajando a la par de ellos. A fin de año, tratamos de retribuirles con sueldos adicionales su compromiso. La comunicación seguía siendo informal, personal, de todos los días; no había reuniones de trabajo "solo para pensar" en el futuro.

Lo cierto es que no "dábamos abasto", era necesario incorporar más gente sin demoras. Quienes veían nuestro entusiasmo quisieron apoyarnos y empezaron a aparecer los cuñados. Walter, mi marido, también se sumó. Todos querían ayudar. Era maravilloso.

La empresa familiar ya no se circunscribía a la participación de padre e hijos –y en ese plural estaba Gabriela, que se había sumado después de vivir un tiempo en Estados Unidos–, se habían incorporado la nuera y los yernos. Todos nos veían tan apasionados con la empresa que se integraron.

Paula, mi cuñada, empezó acompañando a Gustavo en la camioneta por donde él anduviera; luego, ya más interiorizada e independiente, creó y se puso al frente del departamento de Agroinsumos. Después desarrolló el área de Gestión de Talentos y continuó acompañando a Gustavo.

Walter ingresó cuando quedé embarazada de mi primera hija para ayudarme en temas administrativos y contables por medio día –la otra mitad estaba en su escribanía. Tiempo después, pasó a encargarse de las plantas de silos, de entregas de granos. Aún hoy reconoce que fue el lugar donde aprendió a trabajar duro.

Matilde, por ser la hermana más chica, siempre fue la más mimada, pero además quería hacer actividades relacionadas con su carrera, ya que estudió Profesorado en Educación Física. Tenía un gimnasio y enseñaba natación, hasta que lentamente se incorporó un tiempo a la empresa; el lugar que más le gustó fue la Fundación. Recuerdo haberle dicho en broma: "Vos cuidá tus pesas y colchonetas que nosotros te cuidamos tus campitos". Ella confiaba mucho en el criterio de su esposo, a quien le delegó el lugar del Directorio. Era contador y acompañaba mucho en la gestión, había llegado a ser responsable de todos los negocios de Molinería y se ocupó de iniciar el armado de la Fábrica de Pastas del Grupo.

Gabriela, por su parte, sentía que no podía dejarnos solos a Gustavo y a mí. Se encargó del área de Compras y Servicios Internos, y desde allí se dedicaba a los *lay out* y al marketing de las plantas de silos, de las oficinas, de organizar la presencia de la compañía en exposiciones rurales, congresos u otro tipo de eventos.

Su esposo, Germán, se incorporó a Los Grobo como encargado de los campos, siguiendo los temas agrícolas; cuando Walter se fue para trabajar en su propia empresa, pasó a ser responsable de las plantas de silos. La construcción de la planta de Guaminí estuvo a su cargo.

A pesar de este despliegue familiar, nos seguían faltando competencias para cumplir con todos los compromisos. Los dueños y familiares asumíamos la mayoría de las responsabilidades tanto gerenciales como directivas y contábamos con algunas personas como ayudantes o reemplazos. Las plantas trabajaban día y noche. Había que turnarse.

La facturación aumentaba; en nuestro caso también la rentabilidad; no sé si en la misma proporción que al inicio, pero nos iba bien. El esfuerzo valía la pena.

Para nosotros, cooperar y competir fueron dos impulsores del crecimiento. Hay una gran discusión sobre lo que implica la competencia en los ámbitos laborales. A mí me parece que es buena, porque competir es un desafío para ser más eficiente y profesional.

Si se puede hacer de una manera cooperativa, mejor aún porque se provoca, se estimula que al otro también le vaya bien, y eso es un desafío, una nueva motivación. Me entusiasma el término COOPETENCIA, que une los dos conceptos anteriores.

Comprobé que la cooperación que estimulábamos, junto con la competencia, tanto en la empresa como en el agro, se había transformado en un círculo virtuoso: los beneficios y avances nos permitían crecer y se expandían a todo el sector.

Fuimos líderes en muchos aspectos y, paralelamente, también fuimos escuchando y aprendiendo de otros.

El trabajo en red fue fundamental. La red no es una teoría, sino una práctica concreta. Permite a quienes la integran crecer dentro de ella y participar de las oportunidades que van surgiendo. Estimula la diversidad y la innovación; proporciona flexibilidad, adaptándose y anticipándose a los cambios. Promueve el emprendedurismo y la delegación de autoridad (*high empowerment*), permitiendo la creación de más redes de apoyo dentro y entre las redes, lo cual requiere consenso entre los diferentes grupos, genera compromisos y responsabilidades entre los miembros; impulsa la evolución como un proceso colectivo; desarrolla acciones orientadas a resultados prefijados. Permite, además, la especialización, y facilita la transferencia de conocimiento y tecnología.

En todas las relaciones comerciales pueden surgir conflictos de intereses, pero nos hemos arriesgado en función de la red, y esa apuesta marcó la diferencia. Se creó un compromiso de lealtad que refuerza el sentido de pertenencia.

Esta elección implicaba gestionar el *know how*, no tierras. Éramos agricultores sin tener la tierra. Ya no pensábamos en comprar hectáreas para sembrar, porque con ese dinero quizás podíamos sembrar 1.000 hectáreas en un campo propio y, por ejemplo, con la misma suma, nos era posible sembrar 20.000 hectáreas si nos asociábamos con otros. Hicimos una gran red: el dueño del campo, el contratista, el transportista; una serie de emprendedores que trabajan junto a nosotros para lograr más y mejores productos finales.

En ese momento, nos interesaba capacitarnos para perfeccionar la ejecución del día a día, queríamos aprender a usar mejor el Excel, cómo optimizar el tiempo y los recursos, por eso leíamos e investigábamos qué se hacía en otros lugares, qué innovaciones o tendencias se imponían, para no quedarnos en lo que nos había dado buenos resultados. Luego, nos dimos cuenta de que habíamos estado implementando tareas que, con los años, descubrimos en los manuales y libros de *management*.

Para adaptarme a los cambios me gusta primero saber de qué se trata, entender la situación y el contexto. Necesito que esté todo bajo control y luego sí, voy para adelante y llevo conmigo a mi equipo. Ante cada cambio que exigía la empresa, estimulaba y empujaba a quienes trabajaban conmigo a avanzar, pero primero debía entender claramente los beneficios del cambio.

Fue una etapa de gran expansión, en la que la empresa estuvo atravesada por una serie de tensiones que dieron origen a una desestabilización, lo cual nos alertó sobre la necesidad de profesionalizar la gestión para buscar nuevos aportes y salir de lo conocido para intentar resolverlas.

Siempre elegí como *coequipers* –nunca los consideré asistentes– a los profesionales, deseaba que estuvieran bien capacitados, que cumplieran un rol dentro del equipo de trabajo, complementaran al resto, que mostraran independencia de criterio y no solo cumplieran órdenes. También, por qué no, le pedía a la gente de Recursos Humanos que supieran manejar vehículos. Deseaba poder hacer otras tareas mientras me trasladaba de un lugar a otro con ellos en el auto.

Tercera etapa: la desestabilización como efecto del crecimiento

En determinado momento, en toda Pyme empiezan los cuestionamientos sobre la empresa, pero también sobre la vida de cada uno de los que la integran. ¿Mi vida es la empresa? ¿Puede vivir la empresa sin mí? ¿Cómo manejo mejor mi tiempo? ¿Cómo selecciono la gente, le doy tareas y evalúo su desempeño? ¿Cómo defino una política de sueldos? ¿Será mejor mantener la empresa chica y bajo mi control en todo, como antes?

De la noche a la mañana, comprobamos que el crecimiento había desorganizado ciertos aspectos del negocio y también de nuestra vida personal. Nos dimos cuenta de que esa "desorganización" era la consecuencia de una expansión vertiginosa y no planificada, y que para seguir creciendo era necesario un cambio. No estábamos endeudados, tampoco teníamos problemas financieros como otras empresas. Sin embargo, esa situación necesitaba un orden. Básicamente, por las siguientes razones:

- No podíamos seguir ocupándonos de todo; el negocio se nos estaba yendo de las manos.

- Lo que más nos preocupaba eran las zonas grises entre nuestras responsabilidades y las de los otros miembros del equipo.

- Íbamos tras el día a día. Nos cuestionábamos el crecimiento y queríamos "parar la pelota" para marcar nuevamente la cancha.

- Notamos que perdíamos calidad de atención; ni los seguimientos de los cultivos ni las cosechas estaban tan bien supervisados como deseábamos.

- Las decisiones eran por impulso, con marchas y contramarchas. Vivimos lo que pasa en todas las empresas, aparece el cansancio y algunas discusiones entre los miembros de la familia.

Una de las primeras decisiones que tomamos para empezar a ordenarnos y no perder el *know how* fue detallar por escrito los procesos y las tareas, para poder incorporar fácilmente a nuevas personas.

Se impuso la necesidad de repensar el negocio, para lo cual era imprescindible buscar ayuda, capacitarse para el cambio, fortalecer un nuevo tipo de liderazgo: aprender a delegar.

Por primera vez nos propusimos no hablar de la empresa en los asados familiares, porque podíamos pasar el día discutiendo cuestiones laborales. ¡Qué difícil era separar los ámbitos! No puedo decir que alguna vez lo hayamos logrado. Por suerte, ya estaban nuestros hijos que nos sacaban de tema y nos posicionaban en otro lugar.

En todas las etapas, pero sobre todo en esta, es muy importante la comunicación, es necesario valorar las diferencias y saber que hay que elegirse periódicamente como socios, una premisa que no me cansaré de repetir. Pero, sobre todo, hay que tener en claro la cuestión del liderazgo. Es importante definir quién es el líder y lograr que el resto de la familia respete la decisión. Si es posible, discutir "en privado". No era nuestro caso; creo que se nos escapaban visiblemente las diferencias en más de una discusión. Pero luego, al definir posturas, había que acompañar al líder aceptando su estilo de conducción, y así lo hacíamos. Al mismo tiempo, es esencial aprender a dejar que otros miembros de la organización complementen el trabajo y las decisiones.

Es sabido que, en muchos clanes, las mujeres desempeñan un rol destacado; y en las empresas familiares, sin duda, jugamos un papel conciliador. He comprobado que cuando los hombres eluden un tema y prefieren no hablarlo, las mujeres sí lo hacemos.

En nuestra familia, fue mi madre la que nos obligaba a reunirnos, a decirnos todo, a no guardarnos nada, podíamos pelearnos pero debíamos aclarar siempre las cosas y finalmente alcanzar el consenso. En nuestro caso, ocupó un rol importantísimo en la comunicación empresaria. Mi padre no era de dialogar; generalmente, daba órdenes. Ella hizo un trabajo invisible pero notable para enseñarnos sobre la apertura, la comunicación, la habilidad de contar lo que sentíamos, lo que pensábamos; remarcaba la importancia de no guardarnos nada; invariablemente y con una perseverancia de hormiguita fomentó el diálogo y la discusión de ideas.

A veces nos reunía en su casa y en algún momento preguntaba: "Adolfo, ¿compartiste con los chicos lo que me comentaste el otro día?". Y así abría el diálogo. Nos invitaba a una mateada y en algún momento decía: "Les tengo que contar algo". O llegábamos a su casa y salía el tema: "Adolfo, esto que me contaste de Gustavo o de Andrea, ¿lo hablaste con él o con ella?".

Nos ayudaba a poder decir "me gusta esto y de esta manera", "esto no me gusta", "a aquello no le veo futuro", "lo otro no lo apruebo". Mi madre nos enseñó a decirnos todo. Hablamos mucho, nos enojamos, pero nunca nos quedamos con nada guardado. "Si algo que nos molesta se acumula, cuando salta, es peor"; ese es actualmente mi razonamiento, producto de aquellos consejos. Aprendimos a comentarnos también nuestras expectativas y temores, lo que deseábamos en la vida, porque entre todos podíamos ayudarnos; y eso favorecía la suerte futura de los emprendimientos.

También fue la que promovió que en las Asambleas Familiares estuviésemos todos, incluidos los cónyuges –porque si a alguien le pasaba algo, el marido o la esposa debía saber de qué se trataba y poder acompañar– y también los nietos, para que ellos supieran y se fueran preparando como herederos. Ella fue la líder emocional, y creo que influyó en muchas decisiones.

En la campaña 1991/92, el 100% del área sembrada por Los Grobo se hizo por siembra directa, un sistema de conservación que deja sobre la superficie del suelo el rastrojo del cultivo anterior. No se realiza un movimiento importante de tierra antes de la entrada de la sembradora, para mantener la humedad y los nutrientes. Comprobamos, al mismo tiempo que otros productores, que este tipo de siembra podía mejorar los rendimientos de los cultivos, pero que, fundamentalmente, conservaría mejor el suelo. En pocos años pasamos de 20.000 a 30.000 hectáreas y luego saltamos a 75.000 hectáreas en 1994. Estas últimas marcaron un punto de inflexión para Los Grobo.

Era un próspero momento en el país. La economía crecía, la hiperinflación había sido controlada –la cotización del peso argentino era igual al dólar estadounidense–, los precios de los *commodities* eran altos, lo cual provocó un notable impulso. Los contratistas se convirtieron en nuestros socios, no siempre cobraban un honorario fijo sino una parte de la producción: ese fue el comienzo de nuestra red.

Los Grobo comenzaba a ser demasiado grande como para que solo fuera administrada por miembros de la familia. Nosotros mismos éramos el límite de la empresa.

Cuarta etapa: apertura y profesionalización de la empresa

La evolución natural de la empresa se reflejó en un rápido crecimiento, a lo cual hay que sumarle el contexto de los agronegocios de esos años; ambos factores convergieron en un punto de quiebre en Los Grobo, descrito en la tercera etapa.

Construir una gran empresa y darle continuidad a lo largo de varias generaciones no es tarea fácil para ninguna familia. Llegado un punto, se cruzan los proyectos, las relaciones, los problemas y las alegrías. Muchas veces los conflictos quedan tapados y se encapsulan, lo que afecta tanto a los lazos familiares como al desarrollo empresarial.

En su devenir, la empresa se transforma, se renueva, y entre los integrantes se acumulan todo tipo de sensaciones y experiencias, por eso considero que hay que disfrutar del crecimiento, no sufrirlo, y propender a una buena comunicación: se debe poder hablar de todo y entender todo lo que va sucediendo como parte de un proceso.

Hay algo que hoy comento en los programas de formación o en las charlas porque lo considero importante: papá nos escuchaba, permitía que tuviéramos visiones distintas de las de él. A veces pensaba que nos íbamos a fundir, sufría y no siempre compartía lo que hacíamos ni cómo lo hacíamos. Igual nos acompañaba en el andar. Muchas veces, yo sentía que estaba entre mi padre y mi hermano, y que esa postura intermedia me permitía entender el punto de vista de uno y de otro, y que podía construir desde esas diferencias nuevas formas de acción, incluso aportar soluciones novedosas.

He aprendido de las virtudes de mi padre y de sus ejemplos. Con sus defectos me fortalecí; lo he hecho riendo y llorando pero siempre tomándolo como un proceso de aprendizaje y transformación. También de mi hermano. Comparto con él la vida hace 50 años, conocemos nuestro humor, nuestros juegos; como socios, cada uno conoce el estilo y las reacciones del otro mejor que nadie. Gracias a nuestro director externo, Fernando Oris de Roa, sucedió definitivamente a papá en el liderazgo del Grupo. Es un gran innovador, inquieto y muy provocador. Nadie saldrá de una charla con él sin comentar su gran capacidad para transmitir ideas, más allá de que se puedan compartir o no. Sueña en grande y moviliza.

Al plantearnos cuáles eran nuestros objetivos empresariales –aun en sus inicios–, ambicionábamos para el futuro una gran empresa que fuera un referente de profesionalidad y excelencia. Casi treinta años después, Los Grobo camina sobre sus propios y sólidos pies, y en su ADN indudablemente están los genes de nuestra familia: valores, tesón, capacidad de trabajo, voluntad de servicio, pasión y sueños.

Cuando alguien tiene la suerte de ser integrante de una empresa familiar, de haberla fundado o heredado, debe reconocer y valorar el esfuerzo que se invirtió en armarla, llevarla adelante, hacerla sobrevivir en el tiempo. Lo que la hace más fuerte y sustentable son los valores fundacionales y algo de la cultura que la hizo crecer y que profesábamos los emprendedores que la iniciamos.

Para mí, la mejor forma de agradecer lo que recibimos es preservarlo. Pero solo con la condición de que nos haga sentir felices, que podamos abrazar el proyecto, compartirlo y disfrutarlo.

La empresa requiere socios que tengan la libertad de serlo. Como familia, hay que ayudar a que cada uno pueda hacer uso de esa libertad, sin que ello ponga en jaque los vínculos de sangre. Por lo tanto, es bueno que siempre alguno tenga la iniciativa de preguntar: *¿Qué querés para tu futuro? ¿Qué te hace más feliz?*

Ser dueños de una empresa es una gran responsabilidad. No solo ante la propia familia, existen terceros que acompañan, apoyan y confían en nuestro proyecto: los empleados, los proveedores y los clientes. Y ante ellos también hay que responder. Por eso, hay que ser conscientes de la problemática y ser capaces de pedir ayuda, de buscar alternativas, de liderar, de apropiarse del propio destino.

Me gusta recordar una nota publicada por *El Cronista* el 8 de febrero de 2011, donde escribieron que mi apellido no solo era sinónimo de soja, también lo era de empresa familiar exitosa. Desde ese lugar, desde esa experiencia, desde esa pasión, hoy puedo hacer mi aporte a la sociedad.

Mejorar la gestión de la empresa familiar, hacerla más profesional y más exitosa es una decisión que trasciende el círculo del parentesco e importa –o al menos debiera hacerlo– a la comunidad en general, ya que tiene una consecuencia directa en la economía. Las empresas familiares son un motor económico y social clave en nuestro país, también a nivel global.

Para muchos emprendedores y Pymes que nacieron como un proyecto familiar, ser capaces de encaminar el traspaso generacional y la profesionalización de su gestión son dos aspectos críticos. Y ambos están relacionados con la manera en que se resuelven las interrelaciones entre familia y empresa. La primera persigue fundamentalmente la felicidad; la segunda debe generar, principalmente, rentabilidad. En la capacidad de respuesta a ambos objetivos de manera discriminada y articulada reside una parte importante de la profesionalización.

Comparto la idea de que la dupla empresa-familia sobrevivirá solo si la familia se pone en función de los intereses y necesidades de la empresa. No podrá ser eficiente ni salir adelante si los negocios se conciben de acuerdo, exclusivamente, con los intereses de la familia.

Por tal motivo, encaminados en la profesionalización, llevamos a cabo distintas acciones en esta etapa, muchas de ellas comunes a todo proceso de esa naturaleza:

- Contratamos consultores externos para que nos ayudaran a definir responsabilidades, funciones y tareas de los accionistas, de la familia y de los empleados.

- Establecimos una estructura clara de puestos y remuneraciones.

- Comprobamos que necesitábamos normatizar los procesos de la compañía y consideramos oportuno certificarlos por terceros.

- Dejamos de contratar solo a familiares o conocidos; ajustamos criterios y prácticas sistemáticas para la selección, capacitación, promoción y desvinculación de quienes trabajan en la empresa. Aparecieron así en escena nuevos ingenieros agrónomos y contadores que nos obligaban a mejorar también a nosotros.

- Empezamos a pensar en indicadores de gestión para monitorear lo que hacíamos y que fueran útiles para tomar decisiones. Fue una lucha conseguirlo, porque hasta ese momento hacíamos el balance para temas contables e impositivos, y eso no nos servía como gestión.

- Nos obligábamos a rendir cuentas de lo que se hacía y cómo se hacía ante los demás. Armábamos reuniones de equipo, de directorio y de accionistas, para compartir datos y procesos.

- A medida que aumentaba la complejidad de la familia y de la empresa, fuimos creando estructuras para estar preparados para el futuro y ante los posibles problemas que pudieran surgir.

- Hoy compruebo que llevamos adelante una serie de acciones que Alberto Gimeno Sandig, profesor de ESEADE y especialista en temas de empresas de familia, recomienda para disminuir el riesgo estructural que se genera cuando crece la complejidad de la familia al mismo tiempo que la complejidad del negocio. Siguiendo a este autor, podría señalar algunas iniciativas que llevamos adelante:

– *Institucionalizamos las relaciones.* Esta acción comprende, a su vez:
    1. La revisión de los órganos de gobierno.
    2. Comprender la importancia de las reuniones de Ejecutivos, Directores y Accionistas.
    3. Analizar las funciones del Directorio; decidimos quiénes podían ser Directores, qué habilidades y competencias deberían tener, y tratamos de buscar los mejores en cada área, diversos entre sí, pero que contaran, además, con sentido común y mucho coraje para desafiarnos.

– *Incorporamos habilidades comunicativas.* Esta decisión incluyó cambios notables:
    1. Inicialmente, las reuniones de socios y de familia eran las que mamá convocaba porque escuchaba alguna diferencia. Comenzamos a programar reuniones de forma sistemática, con agenda, horario y temas.
    2. Acordamos que todas las decisiones las tomaríamos por consenso.
    3. Empezamos a delinear, escribir y comunicar visión, misión y valores.

– *Nos propusimos pensar en la continuidad.* Para ello:
    1. Trabajamos en cómo superar la dependencia hacia el líder o fundador. Creo que nosotros ya lo logramos, pero fue arduo.

2. Planificamos la sucesión de los cargos de gestión, incluyendo aquellos que ocupaba la familia e intentando a la vez fortalecer la capacidad emprendedora de quienes se incorporaban.

Es preciso apuntar, entonces, que estas acciones fueron indudablemente positivas: elegimos las herramientas para analizar los cambios y llevarlos a cabo. Pero siempre hay que tener en cuenta que se necesita una gran dosis de voluntad y que el cambio empieza por uno mismo.

Las reglas de juego

Cuando decidimos convertir nuestro negocio familiar en una empresa, en una organización que nos trascendiera y eventualmente prescindiera de nosotros, comprendimos que era fundamental escribir las reglas del juego. No hay que esperar que surjan problemas para darse cuenta de que es preciso intervenir y hacer algo al respecto.

Muchas veces, entre las tareas específicas de nuestro trabajo, las urgencias y los compromisos del día a día de la empresa, no era fácil encontrar un tiempo libre para reflexionar sobre lo que hacíamos, cómo, cuándo; sistematizar la forma y elaborarlo por escrito. Tampoco es posible, en el medio de la tarea, otorgarle un nombre o vincularlo a un concepto. Por lo general, mucho de lo que se concreta ha surgido de manera intuitiva, sin demasiada conciencia de su porqué o de su valor.

La importancia de sistematizar y plasmar las distintas tareas en los papeles es fundamental para poder transmitírsela a otros, aprender de la reflexión sobre lo que sucede y, sobre todo, para que quienes se vayan sumando a la empresa cuenten con herramientas más eficientes para actuar, tomar decisiones y comprender el posible alcance e impacto de su aplicación.

Las reglas son tan importantes para la empresa como para la familia. Deben ser fruto del diálogo, del consenso y de un proceso que nos permita ceder posiciones individuales en función de un proyecto común en el que todos nos podamos sentir identificados.

Parte de la responsabilidad de un empresario es prever. La prevención es importante no solo para la salud de las personas sino también para la vida de las empresas.

En esta coyuntura, todos teníamos "dos o tres sombreros" y pasábamos de un tema a otro, de un rol a otro. Hasta que se decidió escribir el primer protocolo que definiera las tareas.

Para hacerlo, para que sea verdaderamente útil es esencial poder hablar de todo lo que ocurre mientras se está produciendo; la buena comunicación, como se sabe, es básica. Cuando no se logran el diálogo ni los acuerdos, se puede contratar a algún profesional que facilite, capacite y colabore.

A un director externo que nos conoció en la época en que estábamos involucrados en estos temas, le llamó la atención cómo fluían las emociones entre nosotros y nuestra capacidad de decirnos todo con tanta honestidad de modo que ninguno se ofendiera ni causara daño. Esa es una de las claves del éxito de nuestra empresa de familia: conversar antes de que surjan los problemas. Otro rasgo que nos caracterizaba, según él pudo observar, era la confianza que nos teníamos. Hoy nos considera una familia profesional.

Hay frases de mi padre que fueron faros en ese tiempo de cambios e incertidumbres y que, como las tengo grabadas en mi recuerdo, las quiero compartir:

- *"Mejor hablar bien de uno mismo que mal de los demás"*. Mi padre nos enseñó a no criticar; pero él se sentía muy orgulloso de lo que hacía, quizás algo "agrandado", y nos ponía un poco nerviosos cuando hablaba elogiosamente de sí mismo. Cada vez que le pedíamos que no lo hiciera, nos repetía esa frase. Así aprendimos a no poner énfasis en lo que hacen los demás de manera despectiva o desvalorizante.

- *"Los problemas son lo primero que hay que enfrentar, así te los sacás de encima".* Quizá sea lo que menos pude aprender y poner en práctica. Siempre tiendo a sacar rápido lo más fácil para concentrarme luego en lo más difícil o que me requiere más tiempo.

- *"La familia tiene que dar el ejemplo".* Para él, los dueños, los gerentes, si eran de la familia, tenían que ser los mejores. No estaban en la empresa por ser familiares, sino porque tenían valor para agregar y podían ser líderes en lo que hacían.

- *"Por donde hay intereses, hay que pasar".* Recuerdo que, siendo chicos, luego de ir a cenar o volviendo de viaje, no importaba la hora que fuera, pasábamos por alguna planta de silos o por la oficina para ver cómo estaba todo.

Los desafíos de la profesionalización

Aunque el futuro que se vislumbre sea incierto y a nadie le guste perder dinero, hay que asumir que la profesionalización implica un cambio y requiere asumir esos riesgos. Es un proceso de prueba-error que debemos transitar.

Fue en ese momento que decidimos invertir en la infraestructura de la empresa para que acompañara los cambios y el desarrollo. Nuestras oficinas funcionaban en el centro de Carlos Casares. Habíamos empezado en un garaje, después construimos sobre él una oficina, luego modificamos su diseño de planta y agregamos espacio para adaptarnos al crecimiento. También habíamos comprado una propiedad aledaña para el área contable, pero aun así el edificio no era funcional, la distribución resultaba poco práctica, la iluminación era deficiente y el conjunto nos quedaba chico, ya no entrábamos. Si decíamos que queríamos el mejor lugar para trabajar, necesitábamos oficinas nuevas; era el momento de invertir en ellas.

A la altura del kilómetro 308 de la Ruta 5, teníamos un campo de la familia con acceso directo desde la ruta y estaba cerca de Casares; era cómodo para clientes, proveedores y empleados.

Instalarnos en el medio del campo era una idea "alocada". Había dos grandes obstáculos: uno, el de la seguridad – allí estaríamos muy expuestos–; el otro, la falta de todos los servicios de comunicación que una empresa de la sociedad del conocimiento requería; allí no existían o no llegaban esos servicios.

Nos reunimos con el único proveedor de la región cuantas veces hizo falta hasta que se interesaron en sumarse a nuestro proyecto, para igualar las posibilidades informáticas de las zonas rurales a las ya existentes en las grandes ciudades. Su aporte fue llevar la fibra óptica hasta el campo. Y así Los Grobo, instalado en Casares, en una zona rural, pudo disponer de una red troncal digital y los mismos servicios de comunicación que las empresas con oficinas en la Capital.

La puesta en marcha de lo más avanzado en tecnologías de la información y comunicaciones nos permitió darle forma a una red privada que uniera a todas las sucursales y a los integrantes del Grupo.

Desde una PC conectada a la red, por ejemplo, se podía realizar el seguimiento de cómo operaba cada planta, si se estaba cargando o descargando cereales, qué grano, a qué velocidad y de qué calidad. También se instalaron tecnologías que nos permitieron enviar imágenes, videos, audio y texto con alta eficiencia y, entre otras cosas, sirvió para que el auditorio que construimos junto a las oficinas contara con un sistema de teleconferencia.

En marzo de 2004, se inauguró el nuevo edificio.

A papá y a mí, que vivíamos a la vuelta de la oficina del centro, llegar allí no nos resultaba tan cómodo. La distancia me dificultaba volver a almorzar con los chicos o estar cerca de ellos. Sin embargo, como en todos los cambios, primero se opone un poco de resistencia, pero después sobreviene la adaptación, que aumenta cuando uno se siente satisfecho porque el reto se supera positivamente y el impulso por la excelencia da sus buenos frutos.

Este es solo un ejemplo de los riesgos que hay que asumir, y de la creatividad y la innovación que requiere profesionalizar la empresa y prepararla para crecer de manera sustentable. A modo de síntesis, comparto algunos puntos importantes del proceso recorrido, que componen un artículo, "Experiencia de profesionalización en una firma familiar", publicado por el diario *El Cronista*, el 16 de octubre de 2013, y que reproduzco porque ilustra lo dicho hasta ahora.

"Andrea Grobocopatel, vicepresidente de la agropecuaria Los Grobo, compartió la experiencia de esa empresa familiar en su trayectoria para profesionalizar sus estructuras de gobierno corporativo desde el momento en que los accionistas tenían puestos 'tres sombreros distintos' hasta la etapa actual, en que se incorporaron nuevos accionistas y directores externos.

El siguiente es el relato de la ejecutiva:

'En Los Grobo siempre supimos que queríamos ser buenos hermanos, que queríamos mantener la familia unida, y la empresa tenía que ir por otro canal. Y para eso era necesario profesionalizar la compañía.

'En la etapa de 1984 a 2000, se confundían los roles. Empezamos a separarlos y recién ahí profesionalizamos la empresa. Las turbulencias de 2001 también marcaron el rumbo.

'Al principio teníamos tres sombreros juntos, yo era gerente administrativo financiero, director y accionista.

'Entonces buscamos quién sabía de gobierno corporativo y llamamos al IAGO (Instituto Argentino de Gobierno de las Organizaciones), más exactamente a Marcos Bertín.

'Nos propusimos salir del management. Cuando la empresa crece y ya hay muchos gerentes, el gerente dueño siempre parece que tiene más poder, por más que uno crea que somos todos pares. Tomar esa decisión fue un gran esfuerzo.

'También fue un tema cómo hacer para que mi padre dejara la organización sin sentirse que estaba aislado, pero como su estilo de gestión era diferente al que nosotros queríamos, era necesario. Él sólo dijo 'les dono las acciones, ustedes trabajaron veinte años en la empresa, y ya es de ustedes'.

'Otro punto de la profesionalización es estructurar cómo comunicarse, cómo rendir cuentas.

'Finalmente, lo que llamamos típicamente profesionalización implica fortalecer las estructuras, los órganos de gobierno. Hay que tener una asamblea familiar o de socios y un directorio donde se defina la estrategia, se defina un presupuesto, se controle cómo trabaja el management. Y después, un comité ejecutivo.

'La familia, donde no puede dejar de estar, es como accionista, porque son los dueños. No todos los familiares, sino los dueños. Hay otra estructura que se puede armar, que es el consejo de familia o la asamblea de familia.

'En Los Grobo hacíamos asambleas de accionistas los hermanos, mis padres, porque éramos los accionistas, pero invitábamos a todos, a los maridos y a los hijos, por más chicos que fueran.

'Ahora tenemos accionistas brasileños, uruguayos, a veces se nos pasa hacer esa reunión y los chicos nos la piden. Y para nosotros es otra forma de que aprendan.

'El directorio, además, necesita siempre directores externos, que no hayan vivido la compañía, porque eso otorga una diversidad. En un directorio de siete, pienso que lo ideal son dos externos, uno solo es poco, entre dos se fortalecen, los equipos siempre funcionan mejor'."

AFIANZARSE, INNOVAR, DELEGAR

"No pretendamos que las cosas cambien, si siempre hacemos lo mismo.
La crisis es la mejor bendición que puede sucederle a personas y países,
porque la crisis trae progresos. Es en la crisis que nacen la inventiva,
los descubrimientos y las grandes estrategias. Quien supera la crisis
se supera a sí mismo sin quedar 'superado'. (…)
Acabemos de una vez con la única crisis amenazadora,
que es la tragedia de no querer luchar por superarla."
Albert Einstein

Grupo Los Grobo. Compañía multilocal

Atrás habían quedado los años en que crecíamos gracias al esfuerzo y la pasión, el trabajo intenso, la austeridad en gastos y en sueldos, la reinversión de las utilidades por medio de la compra de campos.

Ya habíamos comprobado que era importante tomar créditos bancarios, profesionalizar la información e incorporar más talentos para crecer rápido y hacia otros destinos. Ya no estábamos en la etapa del crecimiento natural, continuábamos con la del crecimiento elegido e iniciado años antes.

Nos encontrábamos ante un nuevo paradigma en el proceso de agregar valor, al que nos teníamos que adaptar. El factor tierra dejó de tener tanta relevancia y el conocimiento empezó a ganar espacio y pisar fuerte.

Por mi parte, todos los que me conocen saben que me gusta hacer dos cosas a la vez, que lo disfruto y que, curiosamente y para sorpresa de unos cuantos, al examinar sus consecuencias obtengo buenos resultados, quizás no de excelencia como me gustaría pero buenos al fin. Esta conducta se origina en una indescriptible y casi palpable sensación de que las veinticuatro horas del día no me alcanzan para concretar todo lo que quiero, proyecto, planifico; entonces, suelo superponer las actividades. No faltaron las épocas en las que realizaba largas caminatas con la profesora de inglés, de manera de hacer deporte mientras practicaba el idioma.

Esa modalidad para encarar mis tareas y compromisos me permitió estar en el mundo empresarial y en el familiar, tratando de balancear los requerimientos de cada uno, un equilibrio que a las mujeres contemporáneas y apasionadas por nuestro trabajo nos resulta difícil alcanzar y nos tironea sin piedad.

Habíamos vivido la transición de empresa familiar a profesional, y a partir del año 2003 encaramos una transformación más: la expansión hacia otros países del Mercosur, la reconfiguración con el formato de grupo empresario.

Esta es una breve revisión del crecimiento y la expansión en esos años:

En 2003, emprendimos el desarrollo en el Uruguay con la creación de Agronegocios del Plata (ADP). Fue la primera incorporación de socios no familiares.

En 2004, tuvimos la aprobación formal para que Los Grobo SGR comenzara a funcionar.

En 2005, fundamos Tierra Roja, en el Paraguay. Y, además, AVEX, una empresa agrícola totalmente integrada con sede en Río Cuarto, Córdoba. Me incorporo con Gustavo como Directora representando las acciones de la familia.

En 2006, se suma a la red el Molino Cánepa. Y se efectúa el primer fideicomiso financiero de Los Grobo. El Grupo Los Grobo se convierte en un "Caso de Éxito" de la Escuela de Negocios de Harvard.

En 2007, lanzamos la primera obligación negociable.

En 2008, la transacción con Vinci Partners abre las puertas a Brasil. Se produce un rápido crecimiento de nuestra empresa en ese país; hay una asociación con CEAGRO y la adquisición de Selecta (Brasil). Además, es el año de la compra de UPJ, empresa localizada en Tandil.

En 2009, Molinos Río de La Plata se convierte en socio accionista de Los Grobo SGR.

En 2010, Los Grobo recibe el Premio Nacional a la Calidad, integra los primeros lugares en rankings de Prestigio Empresario y está entre las 50 Mejores Empresas para Trabajar en la Argentina.

En 2011, el reporte de Sustentabilidad publicado bajo la guía del GRI es destacado por el Pacto Global de las Naciones Unidas.

En 2012, el Grupo inaugura su Fábrica de Pastas, con lo que logra integrar toda la cadena del trigo, desde originar la semilla hasta llevarla procesada y elaborada a la mesa del consumidor.

En 2013, el Grupo adquiere Agrofina, con lo cual ingresa en el negocio de los agroinsumos, y vende la operación de Brasil, CEAGRO, a Mitsubishi Corporation, quien ya había comprado un 20% de la misma empresa poco antes. Desarrollamos agricultura por ambientes y, también, servicios de consultoría.

Primeros pasos de internacionalización

En Uruguay

Como se desprende de la breve síntesis anterior, ya en los primeros años del siglo XXI empezamos a gestar la idea de convertir la empresa en una compañía multilocal. Si la deslocalización de la producción dentro de la Argentina había jugado un papel crucial en la competitividad y el crecimiento de Los Grobo, ¿por qué no replicar el modelo argentino de producción y servicios más allá de nuestras fronteras con socios locales?

Cuando resolvimos arriesgarnos fuera del país, lo hicimos porque consideramos que el Mercosur era un indiscutible proveedor de alimentos para el resto mundo. Vimos que era factible construirlo si nos integrábamos con nuestros vecinos de Brasil, Paraguay y Uruguay. En esos proyectos ambiciosos no descartamos llegar a cualquier región del mundo en la que estuvieran dadas las condiciones para realizar intercambios comerciales.

El propósito que nos guiaba era que el siguiente paso se sustentara en la transferencia de nuestros conocimientos a nuestros asociados y al resto del mundo, liderando la innovación tecnológica y organizacional en los agronegocios. Nos movilizaba el deseo de avanzar en los países de la región, impulsados por la esperanza, el respeto, la integración y la solidaridad.

Entendimos que internacionalizarse era parte del crecimiento; si no, habríamos empezado a competir con el productor local que nos vendía el grano o nos compraba los insumos y los servicios.

Buscamos concretar en el Uruguay la influencia que habían ejercido en nosotros las ideas de la globalización, la transnacionalización de las compañías, ya que este país vecino era un territorio virgen para nuestro modelo de negocio.

Allí, Marcos Guigou era un innovador en la agricultura de su país y había incorporado el cultivo de la soja y la siembra directa. Iniciamos los contactos con él y con su hombre de confianza, Juan Ángel de la Fuente. Hubo reuniones y charlas en Dolores, Uruguay, y en Casares; en ellas adquirió cuerpo una asociación en el negocio agropecuario en la que él aportaba el conocimiento del territorio y nosotros la gestión, entre otras cosas. En 2003, se creó Agronegocios del Plata (ADP). La siembra fue de, aproximadamente, 100 mil hectáreas. En pocos años se convirtió en líder en lo tecnológico e innovación en producción agrícola, una empresa del conocimiento del nuevo siglo. Todos los campos cuentan con mapas geo-referenciados y la agricultura de precisión es una práctica habitual, además de la siembra directa, la rotación de cultivos y la nutrición.

Al abrir el negocio hacia el Uruguay, se produjo una importante expansión, mucha gente se fue a sembrar al país vecino. Parecían pensar: "si Los Grobo lo hacen…".

Como aprendizaje, me interesa compartir esta experiencia con las Pymes ya que parte del crecimiento puede internacionalizarse. Siempre intentamos elegir socios locales y, si bien no es fácil, es la única forma de que "la experiencia no cueste tanto" –una frase que suele decir siempre mi padre.

ADP tuvo al principio una evolución natural muy interesante; los cuatro directores y el escribano pusimos lo mejor de nosotros para que fuera un éxito. Sin duda, es una empresa de la que me siento orgullosa por haber participado activamente en su construcción y desarrollo.

Como en otras oportunidades, mi rol fue transmitir las prácticas de administración, el uso de los sistemas, y con ellos la cultura y los valores de la empresa.

He pasado largos días en el Uruguay, en el Paraguay, como también en su momento en Guaminí y en otros lugares de la provincia de Buenos Aires. Me entusiasmaba enseñar, acompañar, impulsar a las sucursales y las empresas. Luego, les he dejado el lugar a quienes seguirían operando.

El primer paso hacia la empresa multilocal es el respeto por la gente y su cultura. Deseo compartir lo que rescata de esa época Juan Ángel de la Fuente, para quien el principal cambio no fue el de los números ni el tecnológico:

"El cambio ha sido cultural; ADP es la verdadera empresa de la Sociedad de la Información. Yo soy de Dolores, un pequeño pueblito del interior uruguayo. Cuando mi abuelo iba a la barraca, el acopiador trataba de darle la menor información posible; el paradigma era *información es poder*. Así funcionaban las cosas antes. Lo que ocurrió con Los Grobo es que ellos nos mostraron que es mucho más beneficioso compartir la información que acumularla y restringirla; hicieron que en la cultura de los agronegocios entendiéramos que *el poder deriva no de la información en sí* (que hoy es abierta y global), *sino de poder compartirla*. Esta visión influyó en todos nosotros y pasamos a difundirla entre nuestras familias, en el club social o donde nos encontremos, y eso representa un cambio cultural muy grande. Crear una empresa, hacerla crecer y obtener beneficios son cosas que muchos han logrado; pero cambiar culturalmente el negocio es algo que nunca nadie había intentado y ADP no solo lo intentó sino que lo logró con éxito. Eso hoy la convierte en un referente a nivel nacional de esta cultura, en eso innovamos más que en otras áreas. De hecho es un discurso que advertimos en otras empresas; no nos molesta, al contrario, nos enorgullece. (…) ADP es una empresa uruguaya, donde trabajamos uruguayos, con visión uruguaya, y por eso se nos conoce y respeta, pero desde luego que fortalece su posición sabiendo que es apoyada por el Grupo; los uruguayos somos de bajo perfil, entre nosotros las expresiones como *gran grupo* no siempre juegan a favor".

Hace ya dos años que estamos en la etapa de la evolución "elegida", la delegación, la profesionalización, evitando la dependencia de los fundadores.

En Paraguay

Un año después, incentivados por el éxito obtenido en el Uruguay, pusimos la mirada en el Paraguay. Como no se encontró un socio local que compartiera nuestra visión y nuestra forma de hacer negocios, creamos, solos, Tierra Roja.

El panorama que se presentaba en ese país era el siguiente:

1. Existía una fuerte presencia de productores de origen brasileño dedicados a la agricultura tradicional.

2. Las grandes compañías de agronegocios que operaban en la comercialización lo hacían con la misma modalidad implementada en la Argentina en la década del 80.

Tierra Roja empezó a funcionar en 2005 y se sembraron 5.000 hectáreas en la región del Alto Paraná, en el sudeste del país. Trasladar nuestro modelo de negocios fue prácticamente un reto, porque el contexto era muy distinto del de los campos argentinos y uruguayos. Allí las tierras no estaban plenamente desarrolladas y los técnicos y proveedores de servicios, tampoco.

Fue una realidad a la que se sumaron otros desafíos culturales, como encontrar talentos que colaboraran en el armado del equipo. Llevar argentinos no fue la solución porque estaban felices con la experiencia durante unos meses, pero luego querían regresar.

La distancia sumaba otro reto. Ellos tenían diferentes comportamientos para funcionar, producir, hacer negocios, construir capital social; generar confianza era notablemente más difícil. A pesar de mis viajes mensuales necesitaba tener ojos allí para hacer el seguimiento y mantener estrictamente los niveles de control de calidad.

Llevé a varios ingenieros agrónomos para que me ayudaran a ver los campos, evaluaran qué tecnología debíamos utilizar pero, evidentemente, no era lo mismo en las tierras paraguayas que en las argentinas.

El primer ejercicio no cerró con ganancias ya que era un *start-up* sin socio local; estábamos aprendiendo no solo sobre temas técnicos productivos, sino también sobre los temas legales, impositivo-contables y comerciales de ese país. Los años siguientes, a excepción de uno, tuvimos catástrofes climáticas, y, en alguna medida, también de organización. Allá, si hay "seca" es extrema y si hay lluvia es excesiva –deriva casi naturalmente en inundaciones–; el clima vira de un extremo a otro. Todo es más drástico.

Como no podía irme a vivir a Paraguay, acepté que mi *coequiper* de ese momento, que escuchaba todos los días mis preocupaciones, se instalara en ese país. Así conté con una fuente confiable de información. También la responsable de los Talentos (Recursos Humanos) de Los Grobo empezó a viajar más seguido y ambas me ayudaron en la búsqueda del CEO y del mejor equipo para poder capacitar y delegar, que es lo que quería.

Después de muchas búsquedas, parecía que habíamos encontrado un CEO paraguayo para el puesto, a quien trajimos a Buenos Aires para capacitar y preparar. Y hubo un año bueno, y fue tan bueno que nos entusiasmamos e incrementamos la superficie sembrada. Sin embargo, nada resultó óptimo: ni el clima, ni la gestión del CEO.

Tierra Roja fue un proyecto en el que, aun poniendo lo mejor de mí, fracasó. Perseveré, trabajé para conseguir socios locales, con la idea de que en algún momento iba a dar vuelta el resultado porque ese país me gustaba, veía en él buenas posibilidades.

Aprendí que hubiera sido importante conseguir un socio local, que debí haber confiado en mi lectura de la organización y haber hecho cambios más rápidamente. Por supuesto, no estaba a mi alcance modificar el carácter radical del clima paraguayo.

En Brasil

El tercer paso para constituir lo que Jorge Forteza, economista y director de Los Grobo, denomina "una multinacional de bolsillo", fue la presencia en Brasil.

Recuerdo como si fuera hoy el llamado de nuestro abogado para decirnos que había una empresa de capitales privados interesada en invertir en agronegocios en Brasil, que podría querer asociarse con nosotros. Inesperadamente, en el horizonte se perfilaban nuevas oportunidades.

Así, llegó una propuesta de Pactual Capital Partners (PCP) que evaluamos positivamente. Contaban con dinero propio y deseaban participar de la dirección.

Buscábamos expandirnos hacia Brasil y ya sabíamos que no había más opción que contar con un socio local. Además, Los Grobo quería seguir creciendo y eso no era posible solo con la reinversión de utilidades, por lo que teníamos tres alternativas: 1) ir al circuito bancario; 2) hacer pública la empresa; 3) integrar a un socio. Elegimos la tercera. El desembarco de los nuevos accionistas resultó un importante aprendizaje para la organización y también un gran paso hacia la profesionalización.

El desafío inmediato fue armar los contratos –principalmente el acuerdo entre los accionistas–, en los cuales se definió el gobierno de la compañía, para la toma de decisiones. Tres personas de Brasil se incorporaron al directorio del Grupo Los Grobo.

En esta instancia, nos asociamos solo en lo que respecta a la operación y los servicios; no entraban las tierras, por lo cual las escindimos y quedaron a nombre de los cuatro hermanos solamente.

Con la inyección de capital, se realizaron los negocios en Brasil, compramos una planta de silos y UPJ en la Argentina.

Es preciso destacar que hoy nos definimos, más que como empresa internacional, como empresa multilocal, porque creemos en la importancia de valorar la cultura local y en la potenciación del conocimiento territorial con las mejores prácticas que vamos aprendiendo en otras fronteras. Ello supone la existencia de un nuevo paradigma de desarrollo, en el que se privilegia lo local; la localidad es la protagonista. Las decisiones se basan en las ventajas comparativas que ofrece el lugar.

En esa dirección, estamos comprometidos con el desarrollo de las comunidades rurales. Así, Los Grobo en la Argentina, ADP en el Uruguay, Tierra Roja en el Paraguay y Los Grobo en Brasil fueron el comienzo de un proceso de expansión regional.

Inesperadamente, nos convertimos en "ejemplo"

Por la innovación y el modelo de negocios que impulsó, el caso Los Grobo se estudia hoy en más de diez países del mundo, entre ellos Costa Rica, España, Estados Unidos, Holanda, Uruguay y Brasil. En la Argentina, en cuatro universidades.

A veces pienso que somos más famosos que grandes. No somos una empresa con mucha facturación o ganancia –por lo menos como a mí me gustaría–, pero tratamos de ser innovadores, líderes en lo que hacemos, los mejores en calidad, en responsabilidad social empresaria, en gobierno corporativo, en la incorporación de prácticas novedosas de comercialización, de producción, o en compartir el conocimiento. Estoy segura de que supimos construir una empresa valorada por su gente, en tanto su tránsito por ella les permite estar bien preparados profesionalmente y en condiciones de trabajar en cualquier otra organización. También es valorada por el entorno, que nos ve como posibles buenos socios. Ambos desafíos conforman nuestra misión, que hemos ido concretando en estos años.

En el tiempo de la expansión regional, papá nos hizo dueños. Nos donó el 90% de las acciones del Grupo Los Grobo, cuando se dio cuenta, después de dos décadas de trabajo en la empresa, que gracias a nuestro esfuerzo ya una parte de ella era también nuestra. Pero se quedó con el "voto de oro" y un lugar en el Directorio, entre otras cosas. No quería que vendiéramos tierras sin su autorización.

Ser dueña fue un cambio muy importante en mi vida y tuve que reinventarme una vez más, porque no es lo mismo actuar como si se fuera dueño que serlo efectivamente, "ejercer" como tal. Significaba entender el funcionamiento estatutario de la empresa, comunicarse periódicamente con sus ejecutivos, para estar al tanto de los resultados empresariales y de los cuadros gerenciales. Debía adaptarme a la nueva condición, a pensar como inversora en el retorno del capital invertido, en los dividendos.

Papá separó para él y mamá las primeras hectáreas con las que habíamos empezado y toda la actividad ganadera que teníamos hasta ese momento, ya que nosotros estábamos abocados a la agricultura; habíamos creado una nueva empresa de la que ellos vivirían y en la que él también seguiría trabajando activamente.

Ante esta nueva realidad, evaluamos la continuidad de la sociedad entre los hermanos, tanto en el Grupo como en las sociedades de los campos. Ese es otro de los puntos que resulta importante plantear: ¿dividir o seguir juntos? Era fundamental que cada uno de nosotros pensara qué lo haría más feliz en el corto y en el largo plazo. En una empresa familiar no hay que estar por obligación sino porque nos gusta estar, porque compartimos los mismos valores e idéntica visión.

La división puede evitar conflictos y permite a cada persona vivir su vida del modo que lo desee, pero quita margen de inversión y de diversificación. Mantener unida la riqueza e invertirla colectivamente genera sinergia y el aprendizaje conjunto puede ser positivo.

Más adelante, papá nos donó el otro 10% del Grupo. Los hermanos continuamos como socios del resto de los campos que, por supuesto, sembrábamos en diferentes tipos de sociedades con Los Grobo.

En el año 2013, en otra reunión de socios, decidimos dividir los campos, siempre con el propósito de anticiparnos a los conflictos. Consideramos que, si no lo hacíamos, les dejábamos un problema a nuestros hijos. Los primos ya sumaban catorce, por lo que supusimos que las decisiones iban a cobrar otra complejidad que si las tomábamos entre los cuatro hermanos. Evaluamos que les sería difícil la planificación del futuro de la empresa y que lo mejor era que cada grupo familiar tuviera su parte; así serían menos para ponerse de acuerdo.

Convocamos a una reunión con el escribano y el contador. Mis padres sugirieron que también estuvieran los nietos. Les explicamos a los chicos por qué separábamos los campos, la facilidad que representaba ponerse de acuerdo cuatro hermanos y no catorce primos. Les comentamos por qué lo hacíamos y por qué entendíamos que era lo más sano para el futuro; también lo mejor para ellos. Invitarlos a participar resultó sumamente positivo.

Lo interesante de estos procesos es que tratamos de adelantarnos a los inconvenientes, intercambiamos opiniones, conversamos sobre lo que nos pasa y acerca de nuestros proyectos.

A partir del año 2014 se abre otra etapa, en la que cada uno podrá hacer lo que desee con su *portfolio* de inversiones (campos, acciones del Grupo Los Grobo, inmuebles). Por mi lado, elegí volver a mis orígenes, soy actualmente productora agropecuaria, atiendo mis campos. Como en la división recibí muchas hectáreas ganaderas y no me gusta afrontar gastos e impuestos sin hacerlas producir, compré vacas, voy a remates, compro toros, reviso alambrados y pasturas: trato de reaprender la actividad. En este presente estoy organizando un grupo de colaboradores.

Si pienso en el futuro del Grupo, sin duda me gustaría que fuera una empresa profesional con accionistas familiares y no familiares, quizás cotizando en alguna bolsa del exterior pero también en la Argentina; con una buena política de dividendos, mayor valorización de la compañía, una adecuada gestión de riesgos y las mejores prácticas de responsabilidad social y de gobierno. En fin, que sea un ejemplo inspirador para empresarios por la forma, el compromiso y la seriedad con que funciona.

Por mi parte, al dejar mi cargo ejecutivo en el Grupo, me enfoqué en transmitir mi experiencia a las Pymes y las empresas familiares en universidades y otras instituciones. Desde 2009, soy mentora y consejera de mujeres porque considero que hay que fortalecer nuestro rol en las empresas en general. Hoy, mi objetivo es ayudar a formar a otros, contagiar y compartir.

> Con Andrea somos compañeros desde hace casi treinta años; refundamos Los Grobo varias veces, nos acompañamos en las buenas y en las malas. Nos une el cariño por la empresa y ambos somos muy emprendedores. Creo que entre nosotros hay un profundo afecto y respeto, pero tenemos estilos y visiones diferentes sobre muchos temas de negocios, lógicos, por otro lado. En general, se mezcla mucho el rol de hermanos y socios; aunque por más diferencias que tengamos, el cariño de hermanos puede más y resuelve las divergencias.
>
> Nuestra relación empresaria, de socios y accionistas, se caracteriza por el respeto y el acompañamiento. Andrea es muy trabajadora, se focaliza en sus objetivos y logra lo que se propone haciendo grandes esfuerzos. Aborda los procesos de manera decidida, más *push* que *pull*; trata de imponer su punto de vista y su estilo.

Su energía la define como líder, a lo cual se le suma el propósito con que hace frente a cada cosa que se propone. En la defensa de género ha logrado múltiples seguidoras.

¿Cuáles son nuestras diferencias en el enfoque de los negocios? Andrea es más controladora y desconfía. Yo, a la inversa. Este es un aspecto sustancial que deriva en varias consecuencias operativas y de visión. Para compatibilizar posturas e ideas hablamos abiertamente y sin anestesia. Somos duros en las posiciones que adopta cada uno, pero no nos guardamos rencor por expresarlas y sostenerlas. Hoy, con los procesos de gobierno más estructurados, contamos con espacios para poder compatibilizar ideas y debatir. Cuando teníamos tareas ejecutivas, en general, Andrea estaba orientada a las finanzas y la administración; en cambio yo me enfocaba en el aspecto puntual de los negocios.

Sus principales logros son los siguientes:

Condujo el área financiera y administrativa de Los Grobo durante, aproximadamente, veinte años.

Creó la Sociedad de Garantías Recíprocas y la llevó a ser líder en la Argentina.

Lidera temas de gobierno corporativo y Los Grobo es un modelo en ese sentido.

Es una gran persona y gran profesional, pero muchas veces tiene una traba emotiva que le impide desarrollar al máximo su potencial, se pone a la defensiva o reclama reconocimiento. Nuestra familia es machista, a pesar de haber muchas mujeres, y la lucha de Andrea para tener su lugar ha sido muy grande.

Creo que a los cincuenta años debería saber que ganó la lucha y emprender una etapa de disfrute de sus innumerables logros.

Gustavo Grobocopatel, hermano y socio

Aprendizajes de la experiencia en Los Grobo

Gestionar los conflictos en familia

La empresa familiar, sobre todo cuando está en manos de la generación que la fundó, tiene como ventaja el compromiso y la pasión de los dueños para que sea exitosa y valorada.

Pero estas ventajas reales y ciertas pueden transformarse en desventajas si la familia no logra resolver los conflictos en su interior y los lleva a la empresa, donde los equipos perciben el disenso.

Es importante que en la empresa no se tomen en cuenta las crisis, los problemas o las situaciones familiares de índole conflictiva. Ninguna familia a lo largo de treinta o cuarenta años puede eludirlos, por eso debe estar profesionalmente lista y contar con las herramientas idóneas para arbitrar las disyuntivas y complicaciones que inevitablemente surgirán.

Mamá siempre ayudó a papá a tomar buenas decisiones; su sentido de lo justo prevalecía en cada coyuntura: "Si a este le diste 100, a todos les das igual". Ella buscaba en cada situación la justicia y no hacer diferencias: "Todos son iguales", repetía. Además de ayudarlo a él, nos marcó con su ejemplo.

Ambos resaltaron el fuerte valor de la Asamblea Familiar y la dinámica propiciada por todos los miembros. En nuestra familia funcionó, nos reuníamos en La Unión, el campo de mis padres, o en otro lugar; en algún momento se hacía la reunión formal, había agenda y horarios preestablecidos. Todos alrededor de la mesa, no importaba la edad de los catorce nietos, estaban allí presentes. Incluso nos parecía que los más pequeños no entendían nada; pero igual les contábamos qué hacíamos y cómo lo hacíamos, una manera de inculcarles el amor por lo que uno hace y tiene. Con el transcurso del tiempo ellos han ido participando de una manera diferente. Preguntaban sobre el rol de cada uno en la empresa, en qué consistía nuestro trabajo. Es una experiencia recomendable.

Cuando me preguntan si para Los Grobo fue fácil, respondo que no, que hubo muchos conflictos. Hubo discrepancias, tuvimos que explicar nuestros puntos de vista, lograr acuerdos, generar consensos; en otros casos decidir por mayoría y luego acompañar la decisión que se tomó y a quien debía ejecutarla.

Por ejemplo, una de las diferencias surgió cuando en el área a mi cargo analizábamos otorgar créditos con una mirada financiera, de flujos de caja, de patrimonio. No siempre este análisis estaba de acuerdo con la posición de los comerciales, área que dependía de Gustavo. Entonces empezaban las discusiones. Cada uno de nosotros tenía su propio razonamiento. "Para poder opinar tenés que venir al campo", me decían, "es muy difícil entender si te quedás en la oficina", y me obligaban a viajar más con ellos. Sin embargo, nunca logré sentar a Gustavo y a su equipo para explicarles cómo funcionan la Administración y las Finanzas y que lo entendieran. Viajar era para mí un problema, ya habían nacido mis hijos y no podía ausentarme tanto; si no, pedía salir muy temprano y regresar a casa a la noche. Recuerdo que cuando recorría los campos con los ingenieros agrónomos, preguntaba: "¿Cuánto gastan en fertilizantes?". Y ellos me corregían: "¿Cuánto invertimos en fertilizantes?". Nos divertíamos y aprendíamos también.

Las sucursales decían —y creo que lo dicen aún hoy— que en la central de Carlos Casares no los entendíamos, pero en Casares veíamos dificultades financieras reales que ellos no percibían. Siempre es así, la inevitable tensión entre los comerciales y los financieros.

En las organizaciones existen las diferencias y nosotros no las ocultábamos. Quienes presenciaban nuestras polémicas comentaban: "Entre ellos no están de acuerdo; piensan distinto".

Todo era complementario y eso conducía a una visión integral. Luego de la discusión llevada adelante como profesionales —y en otras ocasiones no tanto—, se decidía por "blanco" o por "negro"; lo único que importaba era lo acordado; juntos tirábamos para el mismo lado. Procuramos usar de plataforma lo positivo y construimos sobre la diferencia y los conflictos.

En ocasiones, el rápido crecimiento no nos llevó a buenas decisiones. Hubo un año de pérdidas, pero, como la estructura era pequeña, austera y aguerrida, repuntábamos cualquier contratiempo. Entre 1998 y 1999, la situación se complicó porque algunos clientes grandes no nos pagaron, creo que fue la primera vez que tres o cuatro, al mismo tiempo, no cubrieron sus deudas. De golpe nos faltó la caja y debimos acudir a Bancos, y empezamos a endeudarnos. Las Pymes, en general, no tienen deuda, o les cuesta, pero lo cierto es que parte de la profesionalización empieza cuando se debe rendir cuentas a las instituciones financieras. Gracias a los créditos que conseguimos, a algún control de costos fijos, con esfuerzo y trabajo pilotamos el mal momento, sin necesidad de tomar medidas drásticas o vender campos.

La excelencia como meta

A medida que la empresa evolucionaba, se posicionaba mejor en escala y en talentos. Cada vez éramos más y nos percatamos de que el conocimiento debía circular entre los miembros de la red, de lo contrario sería imposible gestionar el día a día. Era el momento de abrir, de irradiar la información, compartirla; había que descentralizarla.

Cuando se trabaja en una misma oficina con varias personas, se habla y se intercambian opiniones casi de escritorio a escritorio; pero cuando los colaboradores o colegas no están en el mismo ámbito, la única forma de transmitir y gestionar el conocimiento es mediante manuales, políticas y métodos. La propuesta fue que quienes integrábamos la empresa escribiéramos los procesos. Cada gerente o responsable de área trabajó con sus equipos en la redacción de lo específico que concernía a su sector y cómo se relacionaba con los otros.

Empezamos a discutir lo que cada uno hacía y a escribirlo, nos enfocamos en detallar paso a paso cada proceso. Pusimos atención en lo que se realizaba en el campo y también en la administración. Todo fue compartido, debatido y redactado. Así, logramos:

- Establecer reglas claras.

- Homogeneizar los criterios para llevar adelante las acciones.

- Compartir las mejoras logradas por empleados y socializarlas.

- Asegurar la calidad.

- Conservar una identidad.

- Alinear a los miembros de la familia para conducirse con buenas prácticas.

Con esa información, más adelante adquirió forma el Manual de Calidad que luego se usaría en Los Grobo y se compartiría con los clientes y proveedores de la red.

La idea de certificar los procesos empezó a circular entre nosotros.

En noviembre de 2000, la consultora Bureau Veritas certificó a Los Grobo Agropecuaria. Tuvimos el orgullo de ser la primera empresa rural del mundo en certificar normas ISO 9001 para sus procesos de producción agrícola y provisión de insumos. Después, dimos un paso más y lo hicimos con la comercialización de granos y la gestión de talentos.

En el año 2011 nos presentamos al Premio Nacional a la Calidad, porque esta presentación significaba revisar y evaluar una vez más nuestro funcionamiento; era otra forma de promover de manera ordenada y concordada la calidad y la excelencia. Es un ejercicio que siempre recomiendo a las empresas, sean Pymes o grandes empresas. El proceso evaluaba el liderazgo, el compromiso, el gobierno, la RSE y la dirección estratégica; el planeamiento estratégico, el desarrollo de la estrategia y los planes operativos; el enfoque en mercados y clientes; cómo se gestionaba, el manejo de quejas y reclamos; medía la satisfacción y la lealtad; la gestión de los procesos y de las personas. Si bien lo interesante era ganarlo, también fue importante prepararlo, discutirlo y analizarlo.

Considerar las crisis como oportunidades

Entre los años 1988 y 1990, y debido a las inundaciones –nunca se sabe cuándo la adversidad se convierte en oportunidad–, nos dimos cuenta, tal lo comentado anteriormente, de que podíamos ser productores agrícolas sin ser los dueños del campo.

A principios de 2001, Los Grobo Agropecuaria era productor, originador de trigo y un proveedor importante de un establecimiento molinero de Bahía Blanca.

Ya se perfilaba un panorama crítico para el país, que se exteriorizaba en un impacto directo en las empresas agroindustriales. Los molinos harineros no eran la excepción y estaban complicados para abonar el trigo que ya se les había entregado.

Las dificultades financieras del molino se incrementaron y debió llamar a un concurso de acreedores. Ante este panorama, Los Grobo lo adquirió, con la intención de venderlo luego. Pero para eso era necesario que estuviera en funcionamiento, en tanto los trabajadores habían tomado la planta para evitar la pérdida de sus puestos de trabajo. Se nos presentaba entonces un nuevo desafío que nos llevó a interiorizarnos en el tema, capacitarnos; y al hacerlo, nos entusiasmó mucho ese negocio.

Paralelamente, se iniciaron conversaciones con los trabajadores para explicarles que queríamos que siguiera funcionando, que no teníamos intención de liquidarlo. Tras arduas charlas y negociaciones se llegó a un acuerdo y, a fines de 2001, la planta de Bahía Blanca retomó sus actividades; coincidió con el momento más álgido de una de las mayores crisis políticas e institucionales de la Argentina. Como otras veces, la crisis fue una oportunidad: aprendimos y crecimos haciendo.

En ese tiempo se bancarizó la economía y debido al "corralito" –tan conocido por todos, prefacio de la crisis económica de 2001– solo se podían retirar sumas mínimas de dinero efectivo de las cuentas corrientes. En ese escenario, el negocio de la harina fue una inesperada fuente de efectivo, la gente compraba en las panaderías el pan, las facturas y los bizcochos con billetes, patacones u otras monedas generadas en ese momento, que les servían a Los Grobo Agropecuaria para darles un anticipo a los camiones que transportaban la cosecha de trigo.

Hacíamos muchas cosas simultáneamente, teníamos la capacidad para concretar sin demoras, no perdíamos tiempo.

Este pequeño lapso nos dio aire para continuar y buscarle la vuelta al negocio. Duró unos meses, hasta agosto de 2002, cuando las complicaciones del mercado interno, marcado por alícuotas diferenciales en el Impuesto al Valor Agregado, incentivaban a operadores marginales.

Lo positivo fue que, por tratar de vender mejor el molino, aprendimos de molinería y esta experiencia nos preparó para integrarnos a la cadena de los agronegocios; también contribuyó a nuestra diversificación. Compramos Molinos Cánepa en Chivilcoy y así derivamos en el mercado brasileño de las harinas.

En cuanto a mi rol gerencial en esos tiempos, es probable que los valores familiares me hayan permitido encarar la supervivencia de la empresa en el momento más duro del país. Durante la crisis de 2001, lideré las negociaciones financieras y comerciales de Los Grobo con clientes, proveedores e instituciones financieras, y traté de conseguir acuerdos fundados en el ganar-ganar. En los años 90, nos había afectado la baja de los precios de los granos y el alza en el costo de los servicios, la mano de obra y las tasas de interés. Sin embargo, no habíamos bajado los brazos, habíamos apostado al futuro e invertido en calidad y profesionalización de la compañía.

Al estallar la debacle económica de diciembre de 2001, Los Grobo era una empresa que estaba armada y preparada para enfrentar desafíos. *Aggiornada* para crecer y reposicionarse en el escenario que se avecinaba.

Esta crisis marcó el fin de la Ley de Convertibilidad, por la cual durante una década en la Argentina el valor de un peso era un dólar. A comienzos de 2002, la devaluación llevó el dólar a cuatro pesos, luego se estabilizó en tres; y se pesificaron las deudas. En la actividad agropecuaria, acostumbrada a operar en dólares, tuvo serias consecuencias:

- Los mercados de futuro se vieron obligados a dejar de operar, ya que se había dispuesto la caducidad de los contratos en moneda extranjera.

- Los productores habían comprado sus insumos en dólares, en la primavera de 2001, y tenían que pagarlos con la cosecha, en el otoño de 2002.

Ese contexto exigía respuestas rápidas y acertadas. Para llegar a las mejores decisiones no dudé en consultar con mi equipo, intercambiar ideas, lo cual era criticado porque se consideraba que así los procesos se dilataban. Debió pasar mucho tiempo para tomar conciencia de que, en realidad, el diálogo y el consenso son una modalidad femenina de ejercicio del poder que puede ser muy valiosa en el marco de una organización. Un aspecto que hoy en las grandes empresas se pondera en el momento de contratar jefes, gerentes y directores.

Pasamos un verano entero reuniéndonos con productores para negociar las deudas, esperando acuerdos institucionales para cerrar con proveedores de insumos y establecer con cada Banco la manera de cancelar los créditos; en algunos casos, ofreciendo pagar antes de su vencimiento con tal de que cerraran el tipo de cambio al valor del momento, y evitar un contexto en el que siguiera subiendo. Acordaba pesificar lo que se podía o bien pagarlo con un CER[1]. No era fácil concretar y dejar conformes a todos.

En febrero o marzo debía viajar como todos los años a Estados Unidos para hacer los tratamientos médicos de Agustina, mi hija mayor, y tuve que pasar todas las negociaciones pendientes a un estudio de abogados para que avanzaran en mi ausencia. Lo cierto es que llegar a acuerdos resultó más arduo y complicado. A pesar de mi insistencia por explicar mi punto de vista en las negociaciones que llevábamos adelante, resultaba difícil quedar bien con todos. Pero la mayoría de los actores tratamos de entender que era una crisis, que había que negociar y salir de ese momento, sin rencores, porque lo importante era sortear una situación ajena a nuestra voluntad.

En este contexto, evaluamos que las obligaciones contraídas en la primavera podían ser canceladas por el valor

---

1 El Coeficiente de Estabilización de Referencia (CER) es un índice de ajuste diario, elaborado por el Banco Central de la República Argentina (BCRA). Este indicador refleja la evolución de la inflación.

original suscrito en pesos. Con los productores negociamos en el marco del concepto del documento *La palabra vale*, publicado por AAPRESID y AACREA, por el cual debíamos respetar las transferencias de responsabilidades y beneficios en toda la cadena.

Antes del otoño, ya habíamos solucionado el 90% de los temas con los productores y clientes. Con esa tranquilidad empezamos a planear cómo seguir avanzando; en los meses de marzo y abril acordamos con los proveedores y concluimos los acuerdos con los bancos entre abril y mayo de 2002. El criterio que nos guió en todas las negociaciones se fundaba en que los tratos cerrados no perjudicaran la red.

En el invierno, los precios de los granos lentamente se consolidaron y las relaciones con productores y proveedores se habían fortalecido, por lo que todo se perfilaba bien para iniciar, nuevamente, un proceso de expansión en la empresa.

Elaborar y redactar protocolos

En 2002, en medio de los conflictos y las negociaciones, se decidió escribir un protocolo. El convenio incluyó los diferentes roles, la valuación de la empresa, la forma de pago, el reparto accionario y, entre otros puntos, una decisión a futuro: los nietos trabajarían en Los Grobo siempre que fueran los mejores para el puesto, según la evaluación que realizaran las áreas de Recursos Humanos de las empresas del Grupo o alguna consultora de selección. También nos fijamos como objetivo salir del rol de gerentes.

La crisis de 2001 favoreció el proceso de profesionalización. La incorporación de directores externos contribuyó en las conversaciones de otra manera; participábamos como gerente general, como gerente financiero, y no como padre, hermano, hermana. Estas acciones facilitaron el crecimiento y la expansión del Grupo.

Decidir la redacción de un Protocolo es elegir funcionar de otra manera, sobre todo si se lo aborda como un proceso de diálogo y de generación de acuerdos y no como una mera formalidad. Elaborar un Protocolo Familiar, favorecer la comunicación y la transferencia de conocimiento, saber diferenciar el ámbito familiar del empresarial, desarrollar prácticas de gestión y preparar la continuidad son pilares fundamentales para el éxito.

Sobre la marcha y con los años aparecen en la familias dueñas de una empresa algunas discrepancias y demandas; diferencias sobre el negocio y la familia. Por ejemplo, algunos le dan más importancia a la forma de vida actual, otros se sacrifican hoy pensando en el futuro; algunos miembros, por sus compromisos o actividades, necesitan otros ingresos o tienen nuevos proyectos. En nuestro caso, los cuatro hermanos nos preguntábamos: ¿alguien quiere hacer un retiro?, o ¿alguien necesita más dinero para vivir?

Establecimos que quien quisiera retirar dinero podía hacerlo hasta una suma determinada, con lo cual se modificaba la composición accionaria (partes iguales hasta ese momento). Para poder evaluar qué implicaba ese retiro era necesaria una valuación de la empresa y ello se reflejaría en un porcentaje de acciones.

Así nos dimos cuenta de que necesitábamos poner estas cuestiones en papel. Al principio, el Protocolo fue algo muy casero; tomamos ideas de estatutos y convenios de accionistas de otras compañías. Si bien yo era la que seguía la redacción con algún colaborador y los abogados, nos reuníamos a leerlo entre todos, intercambiámos pareceres. Lo redactamos y lo firmamos, tanto los accionistas como los cónyuges.

A los pocos años lo revisamos, ya que en el camino habíamos aprendido algunas cosas, y comprendimos que era necesario modificarlo. Entre los puntos a tener en cuenta contemplamos:

- Fijar remuneraciones para los familiares que trabajaban en la empresa de acuerdo con el puesto y a valor de mercado.

- Definir las competencias de quienes podían trabajar en la empresa; al mismo criterio se recurriría para la incorporación de familiares a los cargos de gestión y dirección.

- Establecer un monto para la Fundación que creamos; en aquel momento acordamos que recibiría una suma similar a la de los dividendos que retiráramos.

- Si alguien quería vender tenía que dar la primera opción a otro accionista familiar antes que a terceros.

Desde entonces, siempre analizamos si compartimos o no la visión, la estrategia, si alguien quiere salir o seguir, y, en este caso, cómo desea continuar. Si se comparten la visión, las mismas ideas y los proyectos, está bien que los hermanos sean socios. De lo contrario, hay que tratar de analizar qué y cómo hacer para separarse, para vender, pero nunca poner en riesgo los vínculos familiares, que es lo único que uno no puede modificar.

Básicamente, un Protocolo Familiar es una declaración de principios, un conjunto de reglas de evaluación de la empresa y el patrimonio. Esas reglas de funcionamiento obligan a un compromiso entre las partes que se implementará de determinada forma.

Este acto de reflexión es más importante que un documento final. En muchas empresas familiares todo está pautado por años de tradición y no se piensa en hacer un alto para evaluar la organización y las acciones a mediano y largo plazo de modo de llegar a las mejores elecciones.

Hay empresas que no quieren crecer o ser líderes mundiales; hay otras, incluso, que están conformes siendo pequeñas. Lo importante es definirlo, descubrir y analizar si los socios-hermanos comparten la misma visión. Pero eso hay que hablarlo.

Los acuerdos generacionales sobre cómo conducir la empresa son vitales para lograr la continuidad. En nuestro caso, los principales acuerdos fueron los siguientes:

- Redactar un Convenio de Accionistas.

- Incorporar directores externos al Directorio. Organizar comités dentro del Directorio para tratar temas específicos y relevantes como: a) Finanzas y Riesgos; b) Auditoría y Calidad; c) Nominaciones y Remuneraciones; d) Gobierno Corporativo.

- Crear un Grupo a partir de las distintas empresas que fuimos conformando.

- Invertir en la modernización edilicia y en tecnología. Efectuar el traslado de las oficinas a un nuevo edificio con una nueva imagen para el Grupo Los Grobo.

- Definir un Plan de Capacitación para los que ya estábamos operando hacía un tiempo.

- Plantear una estrategia de negocios basada en la competitividad con calidad.

- Establecer circuitos de control para evaluar la eficiencia en los procesos.

En los programas de formación que desarrollamos, me preguntan cuándo es bueno hacer ese acto de reflexión. "Siempre", respondo, "y que sea cuanto antes; y si hay armonía, y no hay problemas coyunturales, es mucho mejor". Es importante emplear métodos participativos, abiertos, para que todos puedan opinar, para que los conflictos se manifiesten y no se escondan. Si uno se demora o posterga estas decisiones, llega un momento en que el problema ya está instalado, y resolverlo resulta más difícil.

Tengo el privilegio de poder hablar de Andrea desde tres aspectos que me relacionan con ella. Como hermana, como socia y como amiga, y todos obviamente se interrelacionan entre sí.

En cierto sentido fue fácil y fue difícil tener a Andrea como hermana mayor. Fácil porque me allanó todos los caminos, entre otras cosas, y difícil porque superar la genética era casi imposible, siempre fue la hija que todo padre quisiera tener. Súper estudiosa, responsable, emprendedora, se ocupa de los viejos y de los chicos.

Cumple con todos, sí, ¡con absolutamente todos! Jamás falta a eventos, cumpleaños, ¡y también va a los velorios! Hoy en día lo sigue haciendo. Alguna vez le he comentado: ¿Viste que murió tal? Y ella, enojada, aunque no conozca a la víctima, me ha retado porque no le avisé.

Lo peor que me podía pasar de chica era ir con ella a un velorio, saludaba a todos, a los que conocía y a los que no. Siempre fue "saludadora", tanto que hay una anécdota muy divertida. Me acuerdo de una tarde en la que papá le estaba enseñando a manejar; con mamá íbamos sentadas en el asiento de atrás del auto. Ella, en lugar de mirar para adelante y hacer caso a los consejos de su instructor, se la pasaba saludando cual reina para todos lados, manejaba con una mano y con la otra saludaba. Tal era la tentación de risa que teníamos con mamá, que papá nos bajó del auto, estábamos re lejos ¡y tuvimos que volvernos a casa caminando!

Si hay algo que la define es su constante energía.

Es un motor de miles de iniciativas, desde planear reuniones con amigas hasta organizar algo con nuestros hijos. Hemos compartido no solo nuestra infancia, también la de nuestros hijos y la posibilidad de verlos crecer juntas. Los álbumes de fotos y videos pueden demostrar lo que digo. Tantas tardes en la placita de los caños, o paseos en trencito, o festivales de gimnasia, actos de colegio, vacaciones, miles y miles de vivencias juntas.

Lo social es para ella prioridad. Siempre está dispuesta a ayudar, con compromiso y cariño. De adolescentes nos impulsaba a ir al hogar de niños Mi Casa Grande y apadrinar chicos. Siempre se embandera en toda campaña que hay para ayudar. Todo es importante por igual, desde las pequeñeces de lo cotidiano hasta la reunión con alguien de trayectoria. Y todo lo hace con la misma energía, motivación y entusiasmo. Agota solo verla; más de una vez me pregunto ¿cómo hace?, ¿de dónde saca tanta fuerza? No pierde tiempo nunca, si viene a casa a visitarme aprovecha y toma las pesitas y hace gimnasia de brazos; si viajamos juntas, mientras habla contesta un e-mail, o mientras maneja responde llamados o da órdenes a su secretaria. ¡Optimiza sus tiempos hasta exprimirlos!

Fuimos afortunadas en tener la posibilidad de elegirnos y re-elegirnos en distintos momentos y circunstancias de la vida.

Andrea es muy fiel a sus convicciones y las defiende con afán. Aunque discrepamos en algunas ideas, en algunos enfoques, tenerla como socia siempre me dio la tranquilidad de que su mirada no era parcial, que iba a tratar de defender su posición pero, al mismo tiempo, buscaría lo justo, o lo que creía que era justo pero no solo para ella sino para todos los involucrados.

Siempre fue extremadamente generosa conmigo a la hora de darme una mano, ya sea para ayudarme a pensar, o para explicarme algo. ¡Y ha dejado todo por hacerlo!

La generosidad para compartir es un valor que tiene muy arraigado.

Siempre estuve orgullosa de decir que mi hermana pertenece a mi selecto grupo de amigas de la infancia. O sea que, además de compartir los asados de familia en La Unión, o los directorios de Los Grobo, ¡nos juntamos a tomar mate con nuestras amigas! No pensemos que se puede instalar toda una tarde sin aprovechar el tiempo; por ejemplo, mientras charlamos nos lleva a hacer mandados. Proactiva como pocas, aun distendida está pensando en algo productivo, una idea. Ni hablar si alguien le pide ayuda, ¡eso pasa a ser prioridad número uno!

Apoyo totalmente la palabra con la que ella se identifica, que es "resiliencia", ya que tiene una enorme capacidad, que admiro profundamente, para recuperarse de la adversidad y seguir proyectando el futuro, siempre con garra y optimismo.

Andrea es muy especial para mí, tanto como socia, hermana o amiga, y va dejando, en cada uno de los roles que nos involucran, una huella imborrable en mi vida.

Gabriela Grobocopatel, hermana y socia

114

Fortalecer el Directorio como órgano de gobierno

Uno de los principales desafíos para las empresas familiares está relacionado con el gobierno corporativo, que, simultáneamente, vela por la buena marcha del negocio y de la armonía familiar.

Todo ello implica dotarse de procesos de supervisión y toma de decisiones transparentes y justas, tan importantes como incorporar asesores externos y directivos independientes. En nuestro caso, los beneficios se vieron tanto en la empresa como en la familia; lo cual nos ayudaba a mejorar las relaciones interpersonales y entender que allí no le hablábamos al hermano, sino al socio. Nuestros abogados colaboraron en la redacción de convenios y reglas de juego.

Considero que es importante recibir ayuda, pero el trabajo lo tiene que hacer uno mismo; ese es el trabajo mejor hecho, el que queda para siempre, porque si lo imponen y no hay convicción respecto del cambio, no es sustentable. Luego, nos comprometimos a dejar algunas funciones. Éramos gerentes, directores y accionistas de la misma empresa. Entonces, delegamos las gerencias en otros profesionales.

Nunca me gustaron los Directorios "de papel", esos que solo firman actas para cumplir con la cuestión legal. Prefiero aquellos que son imprescindibles en las empresas de determinado tamaño y complejidad, para definir estrategias, presupuestos, decisiones. Me gustan los que pueden cumplir el rol para el que fueron diseñados. Siempre encaré este tema desde una perspectiva económica; a partir de iniciativas y compromisos voluntarios, haciendo foco en la creación de valor. Es más importante que abordarlo solo desde el punto de vista legal, para cumplir con el marco normativo y evitar la destrucción de valor. Mi objetivo se centró en que debíamos crear valor sostenidamente en el largo plazo para los accionistas y otros grupos de interés.

Decidimos profesionalizar el Directorio incorporando miembros no familiares. Una vez más encaramos este cambio con apertura. Luego de las primeras reuniones, mamá manifestó que no deseaba integrarlo, que tenía que estar constituido por profesionales que supieran leer balances, entendiesen de gestión, de temas financieros y comerciales. Y dio un paso al costado. Este fue otro gran aprendizaje ya que habilitó a quienes no se sentían lo suficientemente capacitados para el cargo, o a quienes estaban enfocados hacia otras actividades o proyectos, poder correrse o nombrar a un tercero para representarlos.

Nunca dudé en ser directora, no solo porque me gustaba sino porque entendía que contaba con las competencias necesarias para cumplir el rol. Además, participé en algunos programas en el exterior para perfeccionar mis conocimientos sobre Gobierno Corporativo. Es verdaderamente importante constituir los directorios con personas que acrediten experiencia en el negocio, conocimiento de la industria, buen juicio comercial; idóneas en temas estratégicos, financieros, contables o legales, que sepan de administración del riesgo y de control interno así como también de gestión de recursos humanos; y que acerquen conexiones útiles para el desarrollo de los negocios. Fundamentalmente, que muestren el coraje y la capacidad necesarios para cuestionar a otros directores, miembros de la familia y ejecutivos. En ese sentido, resulta sustancial:

- Que estén bien remunerados, siempre de acuerdo con el tamaño de la empresa, porque este rol es clave en el Gobierno Corporativo, pero, además, por los diversos riesgos que asumen.

- Efectuar evaluaciones periódicas de funcionamiento.

A veces pienso que hoy Los Grobo ya no es una empresa familiar; nos profesionalizamos tanto que fuimos poniendo a la familia en un segundo plano.

Mina o mujer de acción, de mucho entusiasmo y de corazón. Ella querría que escriba "contagio", que es una de sus palabras predilectas. Creo que naturalmente su actuar, su forma de ser provocan en los otros –y me incluyo– un torbellino de sensaciones.

Andrea es intensa en todos sus ámbitos. Destaco su integridad y su presencia, ya que en todas sus actividades ella está al cien por ciento. Debo aclarar que a veces agota, porque es imposible seguirle el ritmo. Solo verla caminar fatiga; el paso de ella es como el mío de trote.

Me gustaría contar algo que suele suceder. "Vamos a caminar. Te voy a llevar a recorrer Casares", dice, y en el paseo describe todas las mejoras de infraestructura que se produjeron en estos años. La saluda gente desconocida, que en mi vida vi. Por ahí, en la charla surge un comentario sobre un tema que pareciera que no le prestó atención, pero luego de un rato retoma y te dice: "Eso me interesa, ¿cómo es?". Entonces salta la Andrea empática que quiere ayudarte a resolver ese problema y lo relaciona con uno de ella. Es probable que esta caminata ya la haya organizado viniendo de viaje, con correos electrónicos a todas las candidatas posibles, siempre tiene alguna que la sigue, y si no va sola y te llama por teléfono. Te das cuenta al toque, porque habla tranquila, eso se debe a que está haciendo dos cosas a la vez, está optimizando su tiempo.

Esa cualidad de la que sería la Andre "social" es una de las que más destaco y acá incluyo a mis hijos; cuando necesitan algo o algún contacto me piden a mí, pero luego recurren enseguida a ella o me dicen: "Mamá, pedile a Andrea". La persistencia es, sin duda, su gran talento, logra todo lo que quiere y se propone.

Además, se compenetra tanto con las cosas de los demás que no para hasta lograrlo.

Cuando yo era chica, invariablemente intervenía en mis permisos ante papá y mamá, era mi referente. Me prestaba todo, siempre fue y es muy generosa. Me decía "la chiquita", y hasta hace poco tiempo ella seguía creyendo eso. Pero un día me dijo la verdad: "Tenés mucho que enseñarme".

Las circunstancias de la vida le demostraron que, como dice ella, uno puede tener varios roles, sobre todo cuando el contexto cambia abruptamente.

Siempre recordaré la relación que tuvo con Juan, su cuñado menor. Ella era su *coach*, lo protegía, compartían su formación y muchos valores, se adoraban, y había llegado a tal punto su relación que también se peleaban. Eran como hermanos.

Con Andrea nos une la cultura del trabajo. Si me preguntaran qué caracteriza nuestra relación empresaria, de socios y accionistas, respondería: el respeto, la confianza, priorizar la armonía familiar. Podemos decirnos todo de frente y no tenemos vergüenza de pedir lo que sea necesario que haga feliz al otro.

En el enfoque de los negocios, fuimos formadas en la misma escuela. Si bien tenemos diferentes maneras de resolver las cuestiones, las coincidencias que nos acercan son más. Discrepancias, conflictos, crisis, disyuntivas no han faltado y hubo que llegar a acuerdos.

Andre es bastante cabeza dura, cuando se le ocurre algo es raro que pueda aceptar la idea de otro; pero es tan generosa y le gusta tanto hacer, que posiblemente concrete también la tuya. Pero, sin duda, la de ella no la deja de lado ¡jajaja!

Encara los procesos con energía, dedicación, y posee la capacidad innata para hacer mil cosas a la vez. Tiene muchos logros en su haber, a nivel laboral pudo desarrollarse y armar las cosas que quiso y planeó, alcanzando buenos resultados; naturalmente, las áreas de finanzas y administración siempre fueron sus puntos fuertes.

Se fanatiza con las cosas que para ella valen la pena, fundamentalmente en Casares; al principio eran los jardines, las escuelas, ahora, otras instituciones. Se propone ayudarlos, organiza programas para recaudar fondos y lo logra. El Municipio tiene en ella la mejor vendedora de lo local.

Se banca todo lo que le toca con su mejor cara, jamás la vi bajar los brazos; como dice Agus: "Siempre para adelante". Es un ejemplo, una buena amiga, una súper hermana: una gran mujer.

Matilde Grobocopatel, hermana

Definir roles y salarios

Para crecer, en toda empresa hace falta diferenciar los roles y, principalmente, dos tareas: gobernar y gerenciar. Hay que entender que gobernar no es lo mismo que gerenciar o ejecutar, dado que:

- El Directorio es el responsable de las decisiones estratégicas y del monitoreo de la gerencia, principalmente.
- La Gerencia es la responsable de la operación.

En mi caso, pasé claramente de gerente a directora en el año 2004. Sin embargo, puedo decir que ejercí funciones ejecutivas hasta 2010 en algunas compañías, o en áreas corporativas de auditoría, finanzas y riesgos. En la empresa familiar tienen que estar claros los roles que cumple cada uno, especialmente los integrantes de la familia que trabajan en ella, y las remuneraciones que recibe cada uno según su función.

Cuando uno es dueño, recibe dividendos; cuando es director, percibe honorarios; y cuando es gerente, un sueldo acorde con su función y otros beneficios regulados por el mercado.

Es habitual que, cuando las empresas son pequeñas, se considere que es mejor pagar a los familiares un salario bajo para acumular ganancias. Es un error, ya que los familiares que trabajan deben percibir un sueldo de mercado; de esa forma se les puede exigir que se comprometan a la altura del puesto.

En nuestro caso, cuando empezamos y éramos pocos, todos los familiares cobrábamos la misma suma, una remuneración baja. La fijaba Adolfo, el número uno en aquel momento; él era el fundador, el presidente, el gerente general.

Al principio, nosotros no nos dábamos cuenta si era lo correcto, nos parecía "natural". Pero con el tiempo, cuando empezamos a contratar profesionales –ingenieros agrónomos, contadores, entre otros– y debíamos fijarles el sueldo, al observar sus montos regulados por el mercado, nos percatamos de que no estábamos bien remunerados. Fueron los directores externos quienes nos hicieron tomar conciencia, cuando aún éramos una empresa pequeña. Teníamos tres directores externos y ellos nos miraban como profesionales, nos exigían como tales y nos decían que debíamos percibir una remuneración acorde.

Planificar la sucesión

Entre los temas conversados cuando hicimos el Protocolo, estaba la elección de quien nos podría reemplazar en los puestos gerenciales. En cierto momento, toda empresa necesitar crecer y para ello hay que delegar en otras personas capaces de hacer las cosas aun mejor que el propio fundador o sus hijos. Eso conlleva un fuerte trabajo a nivel de la dirección, en el que hay que poder separar la responsabilidad propia de ser dueño, de la gestión del día a día del negocio.

Gobernar en esta instancia obliga a pergeñar una idea y convertirla en la visión futura de la compañía, abrazar y apropiarse de dicha visión como pilar de su estrategia corporativa; definir normas, reglas, y convertirlas en Políticas. Finalmente, controlar y responsabilizar a la Gerencia a partir de dicha ley con coherencia y consistencia.

Papá tenía una visión más conservadora en este aspecto. Le gustaba que la empresa creciera pero sentía que debía ser gobernada y operada por los hijos, los nietos, los yernos; creía que nosotros siempre íbamos a ser los mejores.

Eso puede ser factible en la primera generación, luego con la segunda la familia crece y es probable que no todos los descendientes sean tan idóneos como para estar a cargo de la empresa. En ese momento hay que pensar que el patrimonio debe ser gestionado por los mejores en valores, aptitudes, habilidades y conocimiento.

Lo que hicimos es lo que ahora aconsejo: no cerrar la empresa familiar solo a sus integrantes; oxigenarla con el ingreso de gerentes no familiares y directores independientes que ayudarán a profesionalizar la tarea, ya que además aportarán una visión más objetiva y obligarán a repensar la gestión de otra forma (si insisto en este punto se debe a que para mí es crucial).

El sector agrícola no es fácil de entender. Como se adapta muy rápido a los cambios, es un sector innovador; y ese es un rasgo que a veces le cuesta comprender a un profesional tradicional o que desconoce cómo funciona el campo.

En nuestro caso, por ejemplo, era importante que el profesional que me reemplazara no fuera solo alguien que entendiera de finanzas; tenía que comprender el negocio y mejorar la información de gestión; contar, a la vez, con conocimientos en cultivos en crecimiento y arrendamiento. Recuerdo que en una inducción –una presentación de la empresa– hablé de "sementeras" y me preguntaron: "¿Ustedes hacen cemento?".

No puedo decir que no me haya costado dejar mi lugar, pero estoy segura de que encontré una persona que hasta podría decir que era "mejor que yo". Lo digo tajantemente porque muchas veces a los dueños o ejecutivos nos cuesta abandonar el lugar porque pensamos que nadie lo va a hacer como nosotros. Es posible y hasta necesario delegar y apartarse de la gestión diaria.

En Los Grobo, el proceso de sucesión fue conversado, planificado y monitoreado. Afortunadamente, ya teníamos redactado el Protocolo, lo que nos permitió enfocarnos en otros temas: cómo funcionaríamos en el rol de socios, de qué manera se realizaría el traspaso de una herencia de valores y de cultura emprendedora, cómo se efectuaría el pasaje de la gestión a manos idóneas.

La sucesión en las empresas familiares del interior del país resulta un tanto problemática, porque los profesionales con experiencia que aceptan los cargos, generalmente, ya han constituido una familia y tienen hijos en edad escolar, por lo que no resulta fácil su adaptación a los hábitos de las ciudades pequeñas.

En esta instancia, contamos con asesores; nos reuníamos con ellos en entrevistas individuales y asistíamos a encuentros familiares. Además, los accionistas no familiares, gerentes, mandos medios y comerciales también participaron de las sesiones con el consultor.

Nos unía la cultura del trabajo –profundamente arraigada en la historia familiar– propia del inmigrante que progresa por su actitud positiva y emprendedora. Nos caracterizaba el haber abierto las puertas de Los Grobo a los yernos y a la nuera para que se sumaran; todos conocían y habían participado en el esfuerzo por salir adelante. Ya teníamos un pasado, había llegado el momento de adoptar una visión compartida y comprometida con el futuro de la familia y la empresa.

Había valores comunes y una marcada inclinación de todos para apoyar la red de redes, el desarrollo multilocal o regional, la conformación de la empresa social y la inserción en la comunidad. Esos aspectos marcarían el rumbo y el destino del grupo.

Este fue el eje sobre el que se construyó la sucesión del poder y la conducción, así se realizó la profesionalización y se pudo encarar la transición organizacional.

Otros aprendizajes. Una reflexión
sobre la complementariedad entre hombre y mujer

Ser mujer en un reino de hombres no siempre es simple. Aunque parezca ya una verdad revelada, es preciso remarcar que para abrirnos paso en un ámbito tradicionalmente reservado a los varones, como son las empresas y los agronegocios, la mujeres hemos tenido que apoyarnos en el carácter firme y la perseverancia.

Al principio, muchos no aceptan con naturalidad que los lidere una mujer, admitir su punto de vista. Se sienten descolocados, fuera de un "lugar cómodo", conocido; no están habituados, les es ajeno y extraño que las relaciones laborales incluyan el estilo de diálogo de las mujeres, con su carga de emociones, de intuición; pero el respeto se va ganando con la presencia en el día a día y con los años. En mi caso, debido a mi temperamento o a las circunstancias, sé que durante los primeros años me mostré severa, quizás demasiado exigente. De ahí que en mi familia me apodaran "la Thatcher".

En el campo hay que interactuar con universos diferentes: el de los productores, el de los distribuidores y el sector exportador. Hace algún tiempo no era bien visto que se presentara a dialogar una mujer sola; seguramente habrían preferido que fuera acompañada por un hombre (el estereotipo cultural les hacía creer que ellos saben mandar y tomar mejores decisiones). Además, la presencia femenina en un grupo de hombres intimida. Algo similar ocurre en el trato con las personas que atienden la hacienda, los campos. Sin duda, para ellos no era nada fácil recibir órdenes de una mujer.

Todo lleva su tiempo, tiene su costo ganar un lugar; hay que armarse de paciencia y explicar el porqué de cada cosa, fundamentar ideas y acciones; pero cuando se acostumbran y ven los resultados de las propuestas, se acomodan, respetan y escuchan. Ya no les resulta tan extraño que una mujer participe o lidere. Al andar este camino de escucha recíproca, los procesos se enriquecen con lo que pueden aportar al mundo de los negocios tanto el hombre como la mujer.

Para mí es fundamental la complementariedad entre hombres y mujeres en el momento de determinar políticas, resolver, liderar, llevar adelante organizaciones de todo tipo. Desde las diferencias nos enriquecemos mutuamente, siempre que se respeten los criterios y los tiempos del otro. Esta premisa me orientó para encarar el funcionamiento de Los Grobo, la gestión diaria en temas de gobernanza y en la mesa de toma de decisiones.

La complementariedad es una ventaja competitiva y la creación consciente de equipos donde haya hombres y mujeres contribuye a lograr los mejores resultados para la organización y también para los clientes. Todo ello se refleja en los productos y en los servicios.

Queda mucho terreno por recorrer en lo que hace a la igualdad de oportunidades para la mujer. Es cierto que hay injusticias y arbitrariedades, pero en lo personal creo que hay que apuntar al diálogo, al respeto, a la cooperación, a la mutua ayuda.

No hay que negar la femineidad de la mujer ni, la igualdad de oportunidades debe derivar en una asimilación de la mujer a los estilos de desempeño tradicionalmente masculinos. Las mujeres debemos ser nosotras mismas, descubrir nuestros talentos, aceptarlos, encauzarlos. Tampoco hay que pretender que los varones se asimilen a modelos tradicionalmente femeninos. Solo se trata del respeto y del reconocimiento mutuo.

Afortunadamente, las miradas, sin prisa y sin pausa van cambiando; aun en sectores tan tradicionalmente asociados al liderazgo masculino como fue en los últimos siglos la producción agropecuaria.

En abril de 2004, *El Federal* publicó una nota titulada "El campo tiene cara de mujer". Nos entrevistaron a las seis "exponentes más visibles" para que contáramos la experiencia "de abrirse camino en un terreno tradicionalmente ocupado por hombres". Danilo Gallay escribió su opinión sobre el tema:

> *"Adiós a las divisiones por género.*
> *La mujer ganó un espacio en el campo por trabajo y conocimiento.*
> *Es impensable el futuro sin ellas.*

> *"Durante mucho tiempo se consideró al campo un mundo de hombres. Pero en los últimos años ha dejado de serlo: cada día es mayor la participación de la mujer.*
> *"A raíz de las crisis, hoy las decisiones se toman en la mesa familiar. Antes las tomaban ellos solos arriba del tractor, o en el pueblo, mal aconsejados. Hoy no solo los hijos participan, sino que es sobre todo la mujer quien ha tenido que aprender a llevar la chequera y ocuparse de los números.*
> *"La mujer ha tenido un notable perfeccionamiento en los últimos años, no solo como compañera sino como consultora y decisora a nivel de la empresa familiar, porque el campo es precisamente eso, una empresa familiar. Y no es menor que la mujer haya logrado ese rol, sobre todo en un contexto en el que a veces la portación de apellido no da chapa como para que una persona ocupe un lugar en la estructura familiar. (…)*
> *"La oferta tecnológica les ha dado la herramienta para estar enteradas de todo, de cotizar la maquinaria que se empieza a reemplazar en los manejos de la comercialización.*
> *"Como en todo: cada vez que se meten las mujeres, lo hacen mejor que nosotros, los hombres, con una mayor dedicación y cuidando el peso para la familia. Los compañeros muchas veces somos más 'mano suelta', porque tendemos a dejar muchas cosas liberadas al azar.*
> *"Yo las he visto pelear cotizaciones de maquinaria en las que se quedaron peleando el precio solas, ya que a sus maridos les daba vergüenza. La mujer ha alcanzado en el campo un lugar al lado del hombre, que se ganó con conocimiento, con trabajo y con capacitación. Es impensable el futuro sin su participación activa: en el campo ya no pueden concebirse divisiones por género."*

El verdadero camino para lograr una sociedad en la que haya igualdad de oportunidades consiste en entender que no se trata de pasar de una sociedad dominada por hombres a una en la que reinen las mujeres. Implica ponernos a trabajar codo a codo, hombres y mujeres, para construir mejores empresas, mejores instituciones, mejores sociedades.

Si fomentamos la independencia y la libertad de las mujeres, podremos empoderarlas, reducir el sometimiento, la violencia de género. Por eso apoyarlas, abrirles espacios es una cuestión que moviliza mi presente y mi futuro.

Los Grobo SGR, una organización a mi medida

Acompañar para crecer

Ya en el año 2002, observaba que las Pymes se encontraban con innumerables problemas para organizar su información, sus balances, para compartir su proyecto, pero lo más difícil para ellas era encontrar garantías que les permitieran acceder al crédito bancario o al mercado de capitales. Ante esta carencia se financiaban a tasas altas con proveedores o algún vecino, lo que les quitaba rentabilidad y no les daba posibilidades de crecimiento.

La idea de crear Los Grobo SGR surgió en 2003, ante la necesidad del Grupo de contar con un instrumento financiero para las Pymes integrantes de su red. Las SGR –Sociedades de Garantías Recíprocas– son sociedades comerciales cuyo objetivo es facilitar el acceso al crédito de las Pymes a través del otorgamiento de garantías por parte de grandes empresas para el cumplimiento de sus obligaciones. Además, brindan asesoramiento técnico, económico y financiero a sus socios en forma directa o a través de terceros contratados para ello.

Al empezar este siglo, solo existían tres SGR en la Argentina. El sistema se adecuaba muy bien al formato de empresa red de Los Grobo y, como cualquier proyecto o propuesta, había que llevarlo al Directorio. Yo estaba persuadida de su relevancia, pero me costó convencerlos; fundamentalmente a mi cuñado, que era quien podía ser mi aliado en este proyecto, por los componentes impositivos que tenía esta herramienta. Él decía que era mucho trabajo, que había que conseguir 120 Pymes, realizar demasiados trámites, reunir mucha documentación. Pero yo estaba segura de que era una herramienta maravillosa y, como siempre, perseveré hasta que lo convencí y pusimos manos a la obra. Trabajar, explicar los beneficios, invitar a participar no me preocupaba; invertimos un buen tiempo y lo logramos.

No fue fácil convencer a la gente –y, fundamentalmente, a sus contadores– para que se asociaran, porque lo que les proponíamos era desconocido. Les pedíamos que confiaran en nosotros ya que, a futuro, nos permitiría a todos obtener beneficios financieros; y así fue. El tiempo nos lo demostró y el resultado superó nuestras expectativas.

Era la mejor relación ganar-ganar en todos los aspectos y para todos los actores, sobre la que he escuchado los mejores comentarios en estos años de trabajo, ya que, gracias a ella:

- Ganaban las Pymes, que obtenían las mejores condiciones crediticias del mercado (más plazo, menores tasas de interés).

- Ganaban los protectores, porque podían tomar los aportes para reducir el monto a pagar de impuesto a las ganancias. Además, su red, sus proveedores, sus prestadores de servicios estaban en condiciones de mejorar su equipamiento e incorporar tecnologías, por lo cual mejoraban la calidad de su servicio y generaban un impacto positivo en los negocios de todos.

- Ganaban las instituciones financieras por la agilidad con que podían acceder a este segmento al que les costaba llegar; al mismo tiempo, disminuían el riesgo de no pago de la deuda, en tanto el cobro estaba asegurado por la SGR y, de este modo, se reducían los "costos de transacción", ya que eventualmente no tenían que ejecutar hipotecas ni prendas.

Mediante llamadas telefónicas, correos electrónicos y visitas personales comenzamos a difundir la herramienta entre los miembros de la red, con una respuesta que resultó excelente. Empezamos con un solo socio protector, 124 Pymes y tres empleados. A diez años de su fundación, Los Grobo SGR tiene casi 45 protectores, 800 Pymes, 12 empleados y más de 1.500 millones de pesos en avales otorgados.

Pero lo más importante es que muchas Pymes pudieron crecer gracias a nuestro acompañamiento. Disfrutar sus logros y triunfos nos hace sentir felices y exitosos.

Otro desafío fue conseguir "monetizadores",[2] instituciones financieras que entendieran cómo funcionaba el sistema.

Al igual que en otras oportunidades, me dediqué a implementar este desafío con disciplina, delegación y seguimiento.

En el año 2004, la Subsecretaría de Pequeña y Mediana Empresa del Ministerio de Industria de la Nación otorgó la habilitación formal para que Los Grobo SGR comenzara

---

2 Monetizadores: entidades de préstamo a través de las cuales se puede conseguir financiamiento. Monetización: conversión de un activo no líquido en dinero líquido.

a funcionar con un fondo de doce millones de pesos y Los Grobo Agropecuaria como socio protector.

Las SGR están constituidas por Socios Partícipes y por Socios Protectores. Pueden ser Socios Partícipes únicamente los titulares de pequeñas y medianas empresas, tanto personas físicas como jurídicas. Tienen como mínimo el 50% de los votos en asamblea; su opinión en las decisiones sociales debe ser respetada.

Los Socios Protectores pueden ser personas físicas o jurídicas, públicas o privadas, nacionales o extranjeras, que realicen aportes al capital social y al Fondo de Riesgo de las SGR. Detentan como máximo el 50% del capital social.

Así decía una nota publicada en *El Cronista*, el 9 de agosto de 2012:

> **"Para crecer, necesitamos también que crezca nuestro entorno.**
>
> *"(…) Desde Los Grobo SGR, Andrea Grobocopatel analiza el sistema: 'Siempre pensamos que, para crecer, necesitamos también que crezca nuestro entorno. Es importante alinear intereses, es decir, pensar en los accionistas pero también en los gerentes y equipos que trabajan en nuestras empresas, en los proveedores, clientes y en las comunidades donde operamos. Nuestras cadenas de valor están conformadas en general por pymes, fundamentalmente del agro, y tienen muchas necesidades; entre ellas, el acceso al crédito', sostiene. (…) 'Las Pymes no pueden tener un gerente financiero y sentimos que cubrimos ese rol, ya que los asesoramos, si es necesario, en la elaboración de sus planes de negocios y los ayudamos a evaluar cuál institución financiera les conviene de acuerdo a su proyecto', agrega Grobocopatel. Los Grobo SGR asistió a más de 600 Pymes, otorgando avales por $ 930 millones este año y superará las 800 Pymes en 2013. Además, comenzaron a avalar microcréditos para empresas con acotadas necesidades de financiamiento, de $ 10.000 promedio."*

Estos logros nos incentivaban a trabajar aún más para ofrecer un mejor servicio y ampliar las posibilidades de crecimiento para todos. Nos enfocamos con empeño en la mejora de sus procesos y eso cobró realidad en mayo de 2007 con la certificación de las normas ISO 9001:2000. Los Grobo SGR se convirtió en la segunda compañía de la Argentina en lograrlo.

Al finalizar 2008, Los Grobo SGR había otorgado avales por $ 220 millones de pesos, y en ningún momento se apeló al fondo de riesgo, porque no había casos de incobrabilidad. Pero no tardaron en aparecer los problemas con la "seca" climática y la crisis en el sector agrícola.

En 2009, y en vista de que algunos protectores no podían aportar al fondo de riesgos, conseguimos la incorporación de Molinos Río de la Plata SA, que nos ayudó a dar otro gran salto. Incorporamos otra cadena de valor y nos insertamos en otras economías regionales –yerba, oliva, por ejemplo–, que eran para nosotros desconocidas hasta el momento. Con ello, y a pesar de la crisis que por aquel año atravesaba nuestro país, pudimos seguir incorporando y apoyando cada día a más Pymes.

En 2010, Los Grobo SGR estaba más federalizada; contaba con 540 socios partícipes y 37 socios protectores; y el fondo de riesgo ascendía a cien millones de pesos, lo que triplicaba al anterior y posicionaba a Los Grobo SGR como la más grande del agro y la segunda del país.

Lo positivo de este sistema es que un productor de cualquier pueblo del interior de nuestro país no solo accede al mercado de capitales sino que lo hace a la misma tasa de interés con la que accedería una empresa de primer nivel, descontando cheques de pago diferido.

Al poco tiempo, esta operatoria ya era un éxito; hoy sigue creciendo y es un ejemplo para otros países de América Latina. Como teníamos el límite de 365 días, en mi carácter de presidenta de la Cámara impulsé el pagaré bursátil convenciendo de su importancia a Bolsas, operadores y reguladores. A cuatro años de esa iniciativa la herramienta está lista para operar.

Sembrar en varias direcciones

Nuestro interés en detectar lo que los socios necesitan, para prontamente brindarles soluciones, ha sido permanente. Como sabíamos que, para asistir a las Asambleas Anuales, nuestros participantes y protectores viajaban muchos kilómetros, consideramos que ese encuentro podía servir también para otros fines: una buena oportunidad para escucharlos, realizar encuestas y evaluar qué debíamos o podíamos hacer mejor.

Creamos así los Talleres de Co-innovación, eventos donde invitamos a oradores para que los socios se actualicen en temas de su interés.

El apoyo a las Pymes se extiende más allá de lo financiero: promueve la capacitación en distintas problemáticas que hacen a la sustentabilidad de sus negocios, como la gestión de empresas de familia, el manejo de los equipos de trabajo, la importancia de las nuevas tecnologías de la información (TICs), las cuestiones contables e impositivas y otros temas de interés para los integrantes de la red.

A estas reuniones invitamos a los bancos, instituciones financieras, agentes de bolsa, y a todos los que deseen exponer productos o servicios y agregarles valor a nuestras Pymes. Quienes se suman tienen la posibilidad de participar con un *stand*/donación. El valor de ese *stand* es lo que cada uno quiera o pueda aportar, y lo recaudado se deriva a un fondo de inversión social cuyo destino final es mejorar la salud de las comunidades donde la SGR opera. Así, se han donado equipamientos a los hospitales municipales de Carlos Casares, Pehuajó, Chivilcoy, y seguimos en esta senda…

Efectivamente, la educación, la salud y la comunicación en el área rural son una preocupación; desde hace muchos años quería encontrar un medio eficiente para colaborar. Realizar estas reuniones es motivador, ya que en estos últimos años hemos donado más de 500 mil pesos en equipos y aparatos para los hospitales y puestos sanitarios de la zona; lo cual nos permite demostrar que la articulación de pequeñas donaciones logra un impacto imposible de obtener con la acción individual y puntual de cada uno de estos donantes.

Vivimos estos eventos como una fiesta. Invitamos también a las autoridades de SEPYME, para que vean cómo funcionamos y para que nuestras Pymes los conozcan, los escuchen. Además de cumplir con los aspectos legales, aprovechamos la ocasión para explicar cómo funciona una Asamblea con muchos socios. Es un encuentro de grandes aprendizajes para toda la red, tanto por la instancia de capacitación que se organiza cada año como también por la oportunidad de innovación que surge gracias a las encuestas y comentarios. Por otro lado, el cierre de estos encuentros está impregnado de emoción para los presentes, sobre todo cuando entre todos confirmamos el monto recaudado al director del Hospital y al intendente municipal.

Sin lugar a dudas, de todas las empresas del Grupo, la SGR es la que más disfruto, de la que más orgullosa me siento; quizás porque, por ser la Presidente del Consejo de Administración, me permite ponerle mi estilo, mi impronta.

En Los Grobo, primero fue papá quien tenía la última palabra; luego, mi hermano, y más de una vez me tuve que conformar con acompañarlos sin estar completamente de acuerdo con el estilo de gestión o alguna decisión tomada. Había aprendido que después de dar mi opinión y tratar de persuadir, si no había logrado convencerlos, debía acompañar al líder. Y así lo hice durante varios años de mi vida. Ahora podía ser la presidente, tener la última palabra.

Esta sociedad me ha dado muchas satisfacciones. La más importante es el equipo de gente que la integra; cada uno es muy profesional en lo que hace, en el rol asignado; son trabajadores, comprometidos, responsables, generosos, apasionados, creativos y con mucho sentido común; personas fácilmente "empleables"; muchos querrían tenerlos en sus equipos. ¡Adolfo siempre quiere que vaya a trabajar con él la gente que preparo e integra mis equipos!

Si realizo un balance, hubo algunos aciertos que destaco, como conformar la sociedad con Molinos Río de la Plata, promover y abrir el juego a otros integrantes de la red para que participen y se comprometan, entender lo que el órgano de aplicación está evaluando, adaptarnos rápidamente a sus requerimientos y generar los Talleres de Co-innovación.

Aprendí y entendí en profundidad la problemática Pyme gracias a Los Grobo SGR, experiencia que pude volcar en el Programa de Gestión Empresaria de la Escuela de Negocios de la Universidad Católica Argentina.

Mi paso por CASFOG, Cámara de Sociedades y Fondos de Garantía. Las instituciones

En el año 2003, se constituyó la CASFOG, con el propósito de generar un ámbito propicio para el desarrollo y la difusión de los instrumentos que facilitan el acceso al financiamiento en su sentido más amplio.

En un momento en que el sistema estuvo complicado, y no llegaban a un acuerdo las SGR y el órgano de aplicación, fui elegida presidenta de esta Cámara, donde desarrollé una intensa actividad, celebrando acuerdos con instituciones bancarias del país, con otras asociaciones y, lo más importante, pude reunir a los presidentes de las Sociedades para definir las visiones compartidas del sistema.

Aunque es una organización pequeña, con no más de veinte socios, fue importante para mí participar en ella, porque siento que pude desplegar, para su transformación, mis conocimientos, habilidades y actitudes.

Entre otros aportes, me ayudó a entender la importancia de contar con instituciones fuertes, sólidas, pero que a la vez evolucionen con el tiempo y respondan a las necesidades de las personas o de las empresas. La participación en las instituciones permite crear capacidades sociales, agruparse tras objetivos comunes para defender y alinear intereses; nos enseña a dialogar, a lograr consensos, a colocar en segundo plano los intereses individuales para favorecer los "de todos". Es fundamental para cambiar paradigmas de funcionamiento social y para construir colectivamente.

Durante mi gestión, implanté en esta institución los "valores Grobo", a los que ya me referí en estas páginas, y luego la solté para que marchara a su ritmo. No me aferré al sillón presidencial. Después ocupé el puesto de vicepresidente y ahora soy vocal. Observo que el espíritu inicial, sus valores, sus metas y su visión aún se conservan, rigen su funcionamiento; y también advierto que se ha ido fortaleciendo con las nuevas autoridades. Es de las pocas instituciones de las que participo que, en mi opinión, marcha saludablemente.

Me parece fundamental que, en una sociedad, cuando los líderes tienen ideas o sugerencias, las plasmen a través de la instancia que ofrecen las instituciones, pero no de manera personalista, porque las personas son provisorias y a las instituciones hay que sostenerlas en el tiempo.

A manera de conceptualización de esa experiencia, considero que cualquier institución debería cumplir con los siguientes pasos:

- Definir su visión, su misión y los valores compartidos; las estructuras y los procesos para el control y la dirección.

- Precisar los objetivos periódicos.

- Ocuparse de la relación entre socios, ejecutivos, directores y todas las partes involucradas, para compatibilizar intereses.

- Integrarse y trabajar con otras instituciones cuando las necesidades u objetivos lo requieran.

- Ayudar a agregar valor a los socios, a reducir esfuerzos en los aspectos que les son comunes y participar activamente en propuestas para lograr una sociedad con libertad, inclusión y progreso para todos.

Hablar de esta Cámara es especialmente importante para mí porque con ella aprendí cómo funcionan y cómo deben funcionar las instituciones en la Argentina. Me di cuenta de que ese es el principal inconveniente que tenemos y por eso decidí que en la tercera etapa de mi vida debía trabajar desde algún lugar para capacitar a sus líderes y fortalecer las instituciones.

Por supuesto que no será una tarea fácil, pero estoy segura de que se puede, si los miembros que están en las comisiones directivas se comprometen a operar con buenas prácticas como las siguientes:

- Asumir la representación institucional de los asociados ante los organismos internacionales, nacionales, provinciales y municipales, y en cualquier otra circunstancia en que tal representación sea requerida, priorizando los intereses de todos, sin individualismos.

- Bregar por la fijación de políticas activas tendientes a difundir y hacer sostenible el sistema o los objetivos que los convocan.

- Intervenir en la defensa efectiva de los intereses del sector en todos los ámbitos.

- Promover las políticas de lealtad comercial y buena fe.

- Realizar cursos, seminarios, publicaciones técnicas y todo tipo de actividad destinada a la capacitación y perfeccionamiento de sus asociados.

- Colaborar y prestar asesoramiento técnico adecuado a los organismos oficiales con competencia en la actividad, para la elaboración de normas de funcionamiento, ya sea técnico, económico, actuario, financiero, comercial, etc.

- Informar y asesorar a sus asociados y a terceros; rendir cuentas.

En suma: considero que cualquier tipo de organización requiere mucho diálogo y buena comunicación; arribar a consensos y luego que todos defiendan lo decidido, dejando su opinión personal de lado; promover la rotación de quienes ocupan posiciones de decisión, previendo mecanismos de sucesión y de rendición de cuentas que estimulen la transparencia en la gestión.

Un país necesita definir las reglas del juego; no obstante, los más importantes seremos siempre los jugadores. Si no trabajamos con respeto, compromiso, generosidad y buena organización, nada funcionará.

Así como es importante hablar sobre la sucesión en el ámbito de las empresas de familia, también lo es en las instituciones en general. Nos cuesta mucho dejar el lugar que alcanzamos en el ámbito familiar; entonces, pensemos que quizás lo que sucede en las instituciones es el reflejo de lo que hacemos cotidianamente en los espacios en los que nos desempeñamos. Si empezamos a pensar tempranamente en la búsqueda de sucesores, en prepararlos para que sean los mejores para cuidar nuestro patrimonio, nuestras empresas, lo mismo tendría que suceder en las instituciones en general. Debemos buscar y capacitar a los mejores para defender los intereses sectoriales pero, fundamentalmente, para que se hagan cargo de nuestro país.

La rotación en las instituciones es altamente ventajosa y favorece la innovación. La persona nueva, cuando llega, da lo mejor de sí por unos años; luego viene otro que tomará lo mejor de la anterior, le agregará sus ideas, su talento, su marca. Este es el modo en que evolucionan y se reinventan las empresas, las instituciones. Las que no rotan ni eligen nuevos sucesores o no capacitan a otros se exponen a mayores dificultades para adaptarse a los cambios, asumir los desafíos del futuro y sostenerse en el tiempo.

FORMAR UNA FAMILIA

"Una persona rica debería legar a sus hijos
lo suficiente como para que hagan lo que deseen,
pero no lo bastante como para que no hagan nada."
Warren Buffet

Ser mamá

Ser madre es un gran privilegio, pero también una gran responsabilidad. Es un rol pleno de emociones y vivencias encontradas. Las mujeres –también los hombres, pero su rol es otro, aparecen más tardíamente en la vida de un bebé– debemos enfrentar situaciones difíciles y tomar decisiones importantes. Hablamos e intercedemos por nuestros hijos, aunque también debemos aprender a confiar. Y a callar en otras ocasiones.

Las emociones son aún más intensas cuando una tiene hijos; el disfrute y la felicidad son dobles cuando algo bueno les pasa, cuando se ríen, cuando juegan, cuando terminan una etapa escolar, cuando aprueban una materia, cuando se los ve saludables; pero también el sufrimiento es doble cuando algo no tan bueno les ocurre...

Cuando nace un hijo, para la madre la vida ya no es la misma, sobreviene un vértigo de novedades y desafíos que no siempre podemos manejar; lo cual es comprensible porque todos aprendemos a ser madres y padres desempeñándonos como tales.

En mi caso, creo que en la maternidad funciono de igual manera que en todos los otros roles: intensamente, con pasión. Ser mamá no es la excepción. No tengo el estilo de quedarme quieta mucho tiempo. Les organizo actividades, quiero conocer, hacer. Corro para multiplicar las horas del día, tratando de estar presente en todos lados.

Nadie nos enseña; es la vida la que traza el camino

Después de años de novios, ya instalados en Casares y trabajando allí, con Walter decidimos casarnos el 11 de junio de 1988. En ese momento, solo contábamos con un departamento y un auto que le habían regalado los padres a Walter. Los hijos vinieron enseguida.

Primera sorpresa: a mis veinticinco años, nació Agus. Por ciertos movimientos en la sala de parto me di cuenta de que algo sucedía. Inmediatamente, los médicos nos informaron que había nacido con mielomeningocele. Éramos muy jóvenes y, en ese momento, todo lo que ellos nos explicaban era totalmente desconocido para nosotros, entendíamos poco y nada. Fue difícil acomodarnos a esa situación pero, como todo en la vida, uno se va adaptando, aprendiendo, entendiendo y, fundamentalmente, fortaleciéndose espiritualmente.

Walter y yo trabajábamos en Los Grobo; entonces pensamos que, con los gastos que teníamos, no nos alcanzaría para mantenernos, sobre todo asumir el costo de los médicos. Así fue que entregó su auto para comprar un camión, en sociedad con mi padre. Durante los dos primeros años en los que Agus se sometió a cirugías y tratamientos, Walter viajaba a Buenos Aires a visitarnos. Gracias a las herramientas de la tecnología, pude seguir trabajando en ese tiempo, a la distancia; también cursar las materias que me requerían –como licenciada en Economía– para completar Ciencias Económicas, acompañando a mi cuñado Juan, que entonces estudiaba en la misma facultad.

A los tres años nació Delfi, nuestra segunda hija; con su presencia se generó otra dinámica familiar. Ella tiene una férrea personalidad y es muy responsable, siempre se encargó de tener un lugar y no quedar postergada por las demandas de atención requeridas por su hermana.

Y la tercera sorpresa, doble, fue la inesperada llegada de los mellizos. Otra vez tratar de multiplicarnos, seguir aprendiendo.

Para una persona con discapacidad los mejores amigos, compinches y consejeros siempre son y serán sus hermanos. Es bueno tener una familia numerosa en estos casos, todos ayudan a sobrellevar los malos momentos. También descubrimos que con más hijos la casa se convirtió en un lugar entretenido, alegre, con más diversión para todos.

Recuerdo que cuando planificábamos el crecimiento de la familia y evaluábamos un tercer embarazo, me planteaba, como mujer a la que le gusta trabajar fuera de su casa, en una empresa, si con tres hijos iba a poder cumplir con todos mis compromisos y obligaciones. ¡Y de golpe me enteré de que ya estaban en camino dos más! Fue sorpresivo y original, pero también demandó mucho trabajo.

Ahora, que son grandes, puedo reflexionar sobre lo vivido con los cuatro. Se entrecruzan las alegrías y los desafíos con las preocupaciones y los dolores.

Los hermanos, en todas las familias, también deben lidiar con sentimientos encontrados, con el amor, las rivalidades, los enojos.

Si hay un ser resiliente, es Andrea.

Con Andrea nos conocimos cuando iniciamos la escuela primaria. Y desde aquellos días ha pasado mucha agua bajo el puente. Tanta, que a nuestros casi cincuenta años, la vida nos encuentra formadas, armadas, creídas y descreídas de las utopías que muchas veces soñamos.

Ya en aquellos años se divisaba su perfil de líder dispuesta, entusiasta, extrovertida. Organizaba, hacía y deshacía, se "compraba" a la maestra, y ya *negociaba* algunas cuestiones.

Y un buen día, cuando finalizaban los ochenta, llegó la familia: Walter, su gran amor; Agus, su primera hija. Y ese día fue, según mi parecer, el más extraño e intenso en su vida y de la de quienes estábamos ahí cerca, con el ajuar preparado esperando a la primera "sobrinita" del grupo.

Pero como todo es por algo en esta existencia, ese 22 de septiembre crecimos todos y mucho: aprendimos que en esa vida adulta que empezábamos a transitar no todo era color de rosas... Las rosas son muy bellas pero tenían espinas y vaya si pinchaban, y dolían. Pero allí Andrea, con su fortaleza, su tenacidad y su inquebrantable voluntad de superar la adversidad, empujó el carro y lo sigue empujando.

Maricel García, amiga

En esa época de tantas exigencias en lo profesional, todos eran pequeños, iban a la escuela. Agustina necesitaba tratamientos, operaciones, viajes al exterior, y yo seguía trabajando en Los Grobo. Fue una etapa esforzada y con gratificaciones. Por suerte, los abuelos siempre estuvieron para ayudar con nuestros cuatro hijos.

Andrea predica con su ejemplo.

Creo que fui la típica madre de hijo único. Estaba siempre muy cerca de él, tratando de brindarle apoyo, ayuda, hasta en los menores requerimientos. Cuando Walter inició sus estudios universitarios en Buenos Aires, me mudé con él para hacerle compañía. Mi esposo viajaba los fines de semana.

Conocí a Andrea en esa época. Solía venir a cenar con nosotros.

En la nueva experiencia de ser suegra, se cruzaban los sentimientos. Todas las madres sabemos que nuestros hijos se casan con la mujer que aman, y Andrea me había causado muy buena impresión, la quería mucho, todo eso era bueno. Pero al mismo tiempo sufrí el desprendimiento de mi hijo, su alejamiento del hogar, aunque era consciente de que su cariño y los sentimientos seguían intactos.

144

Andrea es una persona afectuosa y servicial que me brinda su apoyo, ha estado a mi lado en los momentos más difíciles, también cuando mi esposo tuvo un accidente; le agradezco la integración familiar, la posibilidad de compartir horas junto a sus familiares y amigos, festejar los cumpleaños.

Como suegra no puedo autocalificarme pero considero que estuve siempre presente cuando las circunstancias lo requerían. Creo que actúo en forma solidaria, compartiendo tanto las alegrías como las tristezas.

El arribo de los nietos me llenó de alegría y felicidad, se renovaron mis emociones, sentí una dicha inmensa. Adoro a mis nietos.

Andrea es una madre preocupada por la educación de sus hijos, supo estimularlos, cuidarlos y predicar con su ejemplo de mujer responsable y emprendedora.

Chuchi Torchio, suegra

En una ocasión, alguien me dijo que no "trabajara" de mamá sino que disfrutara siéndolo. Y es probable que tuviera razón; corría mucho durante todo el día: para llegar a tiempo a la hora del colegio, las fiestas del jardín o de la escuela, los cumpleaños, todas las actividades de las que las madres sabemos mucho. A mis hijos les gustaba –y a mí también– participar en los actos del colegio. Disfrutaba viéndolos actuar, además de disfrazarlos. Tuvimos durante mucho tiempo una caja llena de disfraces, destinados también a los corsos infantiles de Carlos Casares.

Se pasaban los días cantando y bailando en el living o en el jardín. Eran chicos muy alegres. Todo se transformaba en un festejo. Cada vez que Agustina debía viajar para operarse, la casa se llenaba de gente; le organizábamos despedidas efusivas y divertidas.

También encontraba tiempo para organizar simples paseos infantiles. Los subía a todos en el auto, con Gabi, mi hermana, o con alguna amiga cuyos hijos tuviesen la edad de los míos, e íbamos a la plaza, al Parque San Esteban.

A Delfi le encantaba organizar picnics. Hoy, con algo de melancolía, cuando siento que todo pasó tan rápido, tengo temor de no haber disfrutado esos momentos como me hubiera gustado.

Siempre estaba preocupada porque nada les faltara. Mientras ellos fueron chicos, viajé mucho; pero me levantaba temprano y volvía a dormir a casa, no me gustaba quedarme afuera sola.

Cuando salía de casa sin haberlos visto, me encantaba dejarles cartitas. Recuerdo que, si me iba muy temprano, me pintaba los labios con un buen *rouge* y les daba un beso en la mejilla para que cuando se levantaran vieran que había andado por ahí; o les pegaba en algún lugar carteles para cada uno.

Desde luego, algunos errores he cometido. Me parece que la intención de facilitarles las cosas no es algo bueno. Con el tiempo me apareció el temor de que se acostumbraran a pensar que todo se consigue fácilmente.

¿Cómo empezar a hablar de Andrea, de mi amiga, de mi mamá? ¡Hay tantas cosas que podría decir de ella! Creo que esto no solo me pasa a mí; cada persona que compartió tiempo con ella sería capaz de escribir un libro. Mi mamá es lo más.

Sin duda, es la mejor mamá que me podría haber tocado: es buena, dulce, cariñosa; a veces un poco pesada y metida (no nos permite tener privacidad, ¡jaja!).

Pienso que cualquier persona quisiera tenerla como mamá. Muchas veces escuché a mis primas halagarla por lo "pata", insistente y perseverante que es. Cuando queremos algo y no lo logramos, ella corre en nuestra ayuda –y en la de cualquiera– para solucionar el tema. Y no solo lo resuelve; además logra que sea mejor de lo esperado. Creo que jamás recibí de ella un "no" como respuesta. En todo momento quiere que seamos felices. Siempre que le hemos pedido algo nos lo dio o lo consiguió, de una u otra forma. Además, mi mamá si no la gana, la empata.

Cuando éramos chicos la criticábamos mucho, estaba un poco ausente porque recién comenzaba con su empresa y necesitaba dedicarle tiempo, y yo se lo echaba en cara porque casi no la veíamos. Trabajaba mucho, lo hacía para que nosotros tuviéramos lo que quisiéramos, pero en ese momento era una nena y no lo podía entender. Lo único que veía era que mis amigas tenían a sus mamás en sus casas y yo no. Sin embargo, cuando tenía nueve años, ella estaba perfeccionando sus estudios en Buenos Aires, le dije que la extrañaba, le pedí que no viajara más y abandonó el posgrado por mí. Constantemente dice que sus hijos son lo primero, y es verdad. "Siempre quiero estar disponible para ustedes", me dijo más de una vez, y es cierto. No hay madre que quiera y contenga a sus hijos más que ella, no me cabe la menor duda. Recuerdo que cuando ella viajaba, por lo general yo me enfermaba porque la extrañaba. Hoy compartimos lindas charlas, algunas caminatas (si es que no la dejo plantada), mimos, risas. Es muy placentero pasar tiempo con ella, salvo cuando quiere meterse en cosas que no queremos contarle o involucrarla; se pone triste y nos hace sentir muy mal.

Tenemos muchas cosas en común. A veces, nos desesperamos rápido. Algo que ocurrió este año es un buen ejemplo. La llamé angustiada porque creía que me había ido mal en un examen, eso era lo que "creía"; entonces ella llamó a su mamá para que viniera a socorrerme y tranquilizarme. Cuando me dieron la nota, nos tentamos porque me había ido muy bien. Entonces le dije: "No te llamaré más para que no desesperes".

Siempre está feliz, más si nosotros, mi papá y sus papás estamos bien y felices.

Hoy entiendo que se haya dedicado tanto a su empresa y estoy feliz de que haya trabajado, crecido profesionalmente, sea una mujer súper exitosa, y valoro todo lo que siempre hizo por ella y por mí. En el futuro, quiero parecerme a ella en algunos aspectos, aunque siempre digo que no en sus corridas. Yo soy más casera. ¡¡¡Nunca tendría como segunda casa la Ruta 5!!!

Tu segunda hija, el centro entre Agus y los mellis, un centro bastante difícil. TE AMO, mamá.

Delfina Torchio Grobocopatel, hija

Nuestras vacaciones las planeábamos para los seis solos. No era común que pudiéramos hacerlo durante el resto del año por nuestros trabajos, por los viajes obligados.

Tratamos de llevar a los chicos a conocer primero todo el país. Compramos una Ford F-150 doble cabina que adaptamos: le cerramos la carrocería, le pusimos una fila de asientos más y con ella fuimos a recorrer casi todas las provincias argentinas.

Por otro lado, debíamos programar los controles anuales de Agus; organizada la agenda médica, aprovechábamos los viajes y nos tomábamos unos días de vacaciones; por eso fuimos a Disney, a la playa y a otros lugares de Estados Unidos.

Walter era muy católico, iba a misa todos los domingos, y desde que nació Agus debe haber hecho diecisiete o dieciocho caminatas a Luján.

Yo soy judía, no religiosa porque no tuve educación ni contexto para ello, pero soy muy respetuosa de las tradiciones y los ritos; me interesa mantener las costumbres. He comprado libros para las fiestas, y he tratado de leer sobre el tema para cumplir con las celebraciones.

Él y yo compartimos la misma mirada sobre lo que es importante en la educación y, si no estamos de acuerdo en algo, lo negociamos. Siempre acompañamos al otro en la decisión que tomamos.

Fui permisiva con mis hijos; no me sentía bien diciendo que no, prohibiendo cosas. En cambio él ha sido mucho más estricto. Fue el que puso los límites, las penitencias. A mí eso me costaba –y me sigue costando–. Me parece que los voy a hacer sufrir, y trato de hablarles, de explicarles, aunque reconozco que su método suele, en algunos casos, ser más efectivo.

> Mi mamá es una persona muy ocupada, se dedica mucho a su trabajo y también a su familia. Es muy responsable.
> Cuando era chico me llevaba todas las mañanas al colegio. Me gustaba empezar el día así y nunca faltaba el besito de las buenas noches. Recuerdo los domingos, cuando éramos chicos; íbamos a comer pastas a lo de la abuela Chuchi. Siempre que nos reunimos,

la pasamos muy bien. A ella la alegra estar con la familia, y a mí también me gusta compartir momentos con todos.

Sabíamos que había cosas que podíamos hacer, que ella nos permitía, y otras que no. A mí no me molestaba eso, hacía lo que me decía o pedía, cumplía las órdenes. Se pone triste cuando le faltamos el respeto.

En aquella época, ella se ocupaba de todo; hoy sigue ocupándose de todo pero está más en familia y puede compartir más momentos con nosotros. Eso me alegra.

Ahora salimos a caminar juntos, conversamos y nos reímos mucho, por cualquier cosa; somos de risa fácil y muchas veces ella termina llorando de la risa. Soy parecido a ella y nos llevamos muy bien.

Si hay un problema, mamá no se altera, siempre parece relajada, tiene sangre fría, es un ejemplo. Estoy orgulloso de ella, es una buena mamá y una empresaria-líder.

Capaz es la palabra que la define.

Luciano Torchio Grobocopatel, hijo

A veces, cuando les digo algo u opino, me pregunto si estoy siendo reiterativa, si estoy repitiendo los mismos comentarios. No quiero resultar pesada, pero también pienso que si no se los digo yo, ¿quién se los va a decir? Entonces, no me reprimo y se enteran de lo que pienso con la poca psicología que tengo –tal vez porque me dediqué a la Economía, a los números.

Cada hijo es diferente, en consecuencia una debe ser bien diferente como mamá. Los míos son muy distintos entre sí; cada uno tiene sus particularidades y necesidades. Estoy segura de que no tengo preferidos y trato de darles a todos mucho; no puedo decir igual, porque no me fijo ni puedo controlarlo, pero sí quiero darles lo que necesitan, lo que me piden, porque disfruto haciéndolo. En varias ocasiones les propuse viajar, separadamente, con cada uno de ellos, lo cual me permite una dedicación plena, no me "divido" en cuatro y eso me resulta gratificante.

A mamá la pone feliz estar con toda la familia, hacer programas, viajar (aunque muchas veces le cancelamos sus planes). Y la entristecen nuestras peleas entre hermanos.

Cuando era chiquita me encantaba acompañarla en sus viajes (no me importaba si eran por trabajo), o a la oficina para jugar a la "oficinista" y acomodar sus papeles. Actualmente me reclama porque no pasamos tanto tiempo juntas; pero aún me apasiona viajar con ella, charlar e ir de *shopping*.

Ambas somos muy ansiosas. ¡Nos comemos todo! Siempre después de cenar o antes de irnos a dormir necesitamos algún chocolate, ¡jajaja!

Mi mamá es buenísima porque me da todos los gustos y me permite "todo". Pero yo sé que a ella la defraudaría si bebo, fumo, me drogo o realizo cosas que afecten mi vida. Nos separan las cuestiones de los jóvenes de hoy, no podemos llegar a un acuerdo. Ella siempre se queda enojada, y cuando se enoja, es verdaderamente insufrible; pero después se le pasa y todo vuelve a la normalidad. Está siempre cuando la necesito, aunque a veces se mete demasiado en mi vida.

Cuando hay algún festejo, es la primera en organizarlo, siempre está dispuesta a preparar sorpresas. Uno de nuestros ritos es este: después de cantar el "Feliz cumpleaños", seguimos con "La pinta es lo de menos". Siempre, siempre, celebramos en familia.

Mamá es una persona de carácter fuerte, puede estar pasando lo peor y ella igual conserva la tranquilidad y trata de buscar el equilibrio. De chica la miraba y pensaba que era "lo más grande"; no entendía cómo podía hacer todo, estar en todos lados. Ahora, me encantaría ser como ella pero, a la vez, me da miedo no poder serlo porque ella es muy capaz, inteligente, "es lo más". Con el paso de los años descubro que es una mujer multifacética, que puede desempeñar todos los roles a la perfección. Como empresaria es una persona que es capaz de analizar y organizar fácilmente los pasos a seguir (yo digo que es "la cerebrito").

Sus máximos logros, indudablemente, somos nosotros, sus hijos. Le agradezco todos los valores que me inculcó, porque me hacen la persona que soy aunque con algunos pequeños defectos, como todos.

Paulina Torchio Grobocopatel, hija

Los abuelos y otra forma
de transmitirles el amor por el campo

Cuando mis hijos y mis sobrinos eran chicos, para un Día del Niño mis padres tuvieron la idea de regalarles a sus nietos un ternerito a cada uno. Fue un día de fiesta en el que recibieron al animalito con el nombre marcado en la caravana de la oreja. Luego, hicimos el habitual asado en el campo.

Al año siguiente, fue otro ternerito para cada uno, hasta que llegó el momento en que crecieron y mi padre ya tenía 14 animales gordos en condición de ser vendidos. Así lo hizo y le entregó a cada "dueño" un sobre con el resultado. Además, les preguntaba qué harían con el dinero: algunos pensaban comprar golosinas, otros depositarlo en el banco, también estaban los "inversores", los que querían comprar más animales.

Otro año, recibieron un caballo; al año siguiente, una montura. La emoción aumentaba si alguno de ellos tenía una yegua y nacía un potrillo. Así, de a poco, los entusiasmaba para despertarles el interés, el gusto por ir al campo, al tiempo que aprendían sobre la actividad que ocupaba a toda la familia.

El último regalo de campo fue un vagón: allí había una cocina completa, juegos, sillones, un metegol, pero también un libro de actas, para que entre ellos eligieran una "comisión" y pactaran las reglas del juego.

En algún lugar del vagón, mi mamá colocó un cartel plastificado que decía en grandes letras "El Vagón de los Primos", y en el que había escrito *Los 10 mandamientos del éxito* –cuya autoría ignoro–, que eran los siguientes:

1. Debes trabajar cada día como si tu vida estuviera en juego.

2. Debes aprender que, con paciencia, puedes controlar tu destino.

3. Debes trazar tu camino con cuidado, o siempre estarás a la deriva.

4. Debes prepararte para la oscuridad, mientras viajas bajo la luz del sol.

5. Debes sonreírle a la adversidad, hasta que esta te rinda.

6. Debes comprender que los planes son solo sueños cuando no hay acción.

7. Debes sacudir las telarañas de tu mente, antes de que estas te aprisionen.

8. Debes aligerar tu carga, si quieres llegar a tu destino.

9. Nunca debes olvidar que siempre es más tarde de lo que piensas.

10. Nunca debes esforzarte en ser otra cosa que tú mismo.

Y cerraba con estas dos frases:

Haz tu mejor esfuerzo en las cosas que mejor haces, y sabrás, en tu alma, que eres el éxito más grande del mundo.

Ser lo que eres, y convertirte en lo que eres capaz de llegar a hacer, es el secreto de una vida feliz.

Los Grobo y mi familia

La construcción de mi familia está estrechamente entrelazada con la historia de Los Grobo. En el momento en que nacieron mis hijos, tenía claro que quería trabajar, crecer en la empresa. Cuando miro los videos de cuando eran chicos –que me ayudan a reconstruir esa parte de mi vida–, pienso que el tiempo ha pasado demasiado rápido. Por suerte, a todo el mundo le ocurre lo mismo.

Estamos en el siglo XXI y la mujer aún siente culpa por hacer foco en su vida profesional y "descuidar" a los hijos –un sentimiento del que los hombres carecen–, y no fui la excepción.

Al principio, me parecía que iba a ser imposible trabajar con cuatro hijos, porque a mí me encantaba ir a la oficina, moverme y viajar. No obstante, la maternidad no fue un obstáculo para mi crecimiento laboral. Gracias a que me organicé, luego de los partos volví a trabajar enseguida. En ningún momento quise hacer una pausa, porque creí que eso significaría un retroceso en mi profesión. Si elegía interrumpir mi actividad laboral, perdía lugar no solamente dentro de la compañía, sino como profesional. Siempre fui intercalando y tratando de balancear ambos ámbitos de mi vida.

Cuando estaba en el trabajo, incluso en medio de una reunión, si sonaba el teléfono y era alguno de ellos, atendía su llamado. En época escolar, iba corriendo al colegio si era necesario. Si alguno estaba enfermo, en cama, me hacía una escapada a casa y regresaba a la empresa. Si decía que la prioridad eran mis hijos debía ser íntegra y demostrarlo también. No falté a ningún acto escolar ni a sus cumpleaños, cuya organización completa queda a mi cargo. Lo digo con orgullo, pero siempre lo hice corriendo y tratando de disfrutar cada momento.

En este sentido, creo que las mujeres tenemos esa habilidad de hacer o de estar atentas y presentes en varias cosas al mismo tiempo. Por suerte, ese talento lo pude desplegar y lo despliego: salgo de un tema, me meto en otro y vuelvo a lo que estaba o estoy haciendo. Ser mamá-empresaria es otra forma de educar a los hijos, ellos aprenden a respetar y valorar otros estilos de vida. No hay tanta presencia física pero no por eso se está menos ocupada o preocupada por ellos.

En el tiempo en que eran chicos aún, estábamos empezando la profesionalización de la Pyme, por lo que esta tarea dependía mucho de nosotros, no éramos tantos ni habíamos delegado las funciones. Viví a este ritmo unos cuantos años de mi vida. Puedo decir que hace un tiempo lo modifiqué. Trabajo menos o sin tanta exigencia del día a día, y estoy más en mi casa, disponible para mis hijos. Ahora ellos están más grandes y puedo viajar a Buenos Aires a visitarlos y acompañarlos sin tironeos.

Obtener el balance entre familia y trabajo es casi imposible; se vive en una permanente búsqueda de equilibrio; por eso es bueno ser creativos y, sobre todo, muy flexibles.

De cada rol uno aprende algo y eso lo aplica en otros roles, por lo que se enriquecen mutuamente. Recuerdo que a veces en reuniones de trabajo ponía ejemplos de lo que hacían mis hijos o de lo que me ocurría con ellos; y en casa, más de una vez, trataba de fijar objetivos, como lo hacía en la empresa.

Aprendí mucho en esos años en el intento de multiplicarme para estar en todos lados al mismo tiempo. Fue importante en la etapa de crianza de los mellizos; en vez de tomar a otra persona durante el día para que los cuidara, contraté –durante el primer año y medio de vida– una persona para la noche. Me di cuenta de que si una está bien descansada, durante el día puede funcionar mucho mejor en la empresa y la familia.

También fue saludable tener a mis hijos entre mis veinticinco y treinta y un años; en ese momento disponía de mucha energía. Por eso podía hacer todo a la vez. No me recuerdo cansada, al contrario, creo que estaba "enchufada", con "pilas". Pienso que hay edades para tener hijos, sobre todo cuatro, y si hubiera empezado a los treinta y pico o cuarenta años seguramente no habría tenido la fuerza para hacer y estar en todo.

Tanto en la familia como en la empresa, correrse del día a día "produce miedo", por eso es importante aprender a delegar y saber elegir a las personas que nos acompañan.

En ese sentido, Carmen fue un sostén importante en mi familia; una persona muy buena y trabajadora que me ayuda en casa desde hace más de veinte años. Poco hubiera podido hacer sin ella; hasta me prepara el bolso de viaje –para que no me olvide nada– y además cubre todo lo que queda en casa durante mi ausencia.

> Hace veinte años que estoy con la familia, compartí muchas cosas alegres y tristes, podría decir que crecimos juntos. La considero mi segunda casa.
>
> Durante años, Andrea corrió todo el tiempo, pero es una persona muy sana, nunca se enferma y siempre tiene energía para hacer algo más. Cuando trabajaba muchísimas horas, a veces no paraba ni para almorzar. Además, el trabajo le exigía viajar seguido, recuerdo especialmente al Paraguay, y todos tratábamos de que los chicos no la extrañaran. A veces quería llevarlos con ella, pero se cansaban y aburrían porque no iba de paseo.
>
> Los domingos le gusta comer en familia. En la semana, por los distintos horarios de cada uno, eso no se puede hacer. Pero los domingos sí, levantan a todos los chicos para compartir la mesa. También le divierte festejar cumpleaños, todo tipo de fiestas, despedidas, encuentros; siempre está bien dispuesta para hacer una reunión.
>
> A mí no me gusta que las cosas se rompan o estropeen, por eso soy cuidadosa. Pero si algo se rompía, Andrea me decía: "Eso le pasa a quien hace; si uno no hace nada, no le pasa nada". Esa es su filosofía.
>
> Es muy activa y contagia sus ganas de hacer cosas. La extrañaba y la extraño cuando se va por unos días.
>
> *Carmen Uriarte, ama de llaves*

Quisiera que mis hijos supieran que de esta intensa vivencia laboral, de la que tal vez ellos, pasado el tiempo, no tengan mucha memoria, rescato que me preparé, me formé; fui perseverante en mis objetivos, no me desalentaron los contratiempos ni las pérdidas, ni me dormí sobre los éxitos. Nada llega a nuestras vidas porque sí, o de la noche a la mañana. Si ellos pudieran conservar siempre el pensamiento de que todo en la vida requiere esfuerzo y perseverancia, que no hay logros importantes que sean fáciles o aparezcan de la nada, yo me quedaría satisfecha: habré hallado la manera de transmitirles la esencia del trabajo, el compromiso y la responsabilidad.

Un mandato difícil de eludir

Agus y Delfi ya están encaminadas en las carreras que eligieron. Los mellizos terminaron el secundario; están todos grandes. Entonces, la típica pregunta que me hacen es si quiero que trabajen en Los Grobo.

En las empresas de familia, como comenté anteriormente, es indispensable planear la continuidad y preparar a la siguiente generación; lograr que los hijos comprendan que también son o serán dueños y que ello implica derechos y obligaciones.

Los cuatro lo saben; también saben que, por "ser hijos", no tienen un lugar asegurado en la empresa: solo ingresarán si son los mejores para el puesto. Hay que pensar quién va a continuar con lo que se construyó con tanto esfuerzo, y esa persona puede ser familiar o no. No descarto ninguna posibilidad, pero entiendo que cuando uno tiene un determinado patrimonio, quiere que sea administrado por los mejores.

Y si entrasen a trabajar, será muy difícil que la gente no los vea como "dueños" y el trato sea una consecuencia de esa condición. Realmente, no es ni será fácil para ellos ni para los actuales colaboradores de Los Grobo; por lo cual resultará óptimo que se capaciten, hagan pasantías, que acumulen otras experiencias; ellos deben prepararse para integrar un Directorio o participar de una Asamblea.

Además, lo importante no es que nuestros hijos sean buenos gerentes; deben ser buenos accionistas, arbitrar los medios y tomar las mejores decisiones para maximizar el valor de la compañía.

Esto significa querer a la empresa, conocerla y no exigirle más de lo que puede dar. Saben que hay que cuidar que no se destruya su imagen profesional. Tienen que transitar esta etapa con lucidez, sabiendo de antemano que los afectos y las emociones están tan involucrados como los intereses de la sociedad y la lógica económica.

> Qué decir de mi mami y a mi mami, que ya no le haya dicho a ella alguna vez...
>
> Gracias por:
>
> Ser tan buena madre, compañera y ayudante en los viajes, y enfermera (después de operaciones que, espero, no se repitan).
>
> Ser tan buena consejera (aunque a veces nos peleemos o no estemos de acuerdo en algunas cosas).
>
> Enseñarme a ser, cada día, mejor persona.
>
> Ayudarme en todo lo que necesito, cuando lo necesito (aunque a veces me enoje porque estás demasiado encima de mí, pero quiero que sepas que lo valoro porque prefiero tenerte mucho a no tenerte nunca o tenerte poco).
>
> Contenerme cuando no me siento bien.
>
> Acompañarme en todo momento.
>
> Perdón si:
>
> Algún día te fallé.
>
> Por no escucharte, cometí errores y te lastimé.
>
> No soy la hija que esperabas por no comportarme, siempre, como te gustaría o esperabas (de acuerdo a cada situación que atravesamos).

No soy tan abierta y/o demostrativa de mis sentimientos y/o pensamientos.

Por favor: ¡NO ME FALTES NUNCA!

Te deseo lo mejor en todo lo que te propongas porque sé que te lo merecés y que perseverando se triunfa aunque haya que sobreponerse a situaciones difíciles.

¡PERSEVERA Y TRIUNFARÁS! (como decís vos, ¡jaja!).

Y no te olvides de seguir: ¡SIEMPRE PARA ADELANTE! ¡NUNCA PARA ATRÁS! (como digo yo, lema de mi vida dicho por papi, ¡jaja!).

Sos muy importante para mí.

¡TE AMO CON TODA MI ALMA! ¡GRACIAS POR TODO!

Agustina Torchio Grobocopatel (o como me decís vos, "tu Guga")

Como me sucedía en la empresa que íbamos creando, a los hijos también quería acompañarlos un tiempo, luego soltarlos. ¡Pero cuánto me cuesta soltar en este aspecto de mi vida! Sé que implica estar para ellos desde otro lugar, estar cuando llaman.

Hoy, que soy más dueña de mi vida, que tengo más libertad para manejar mis horarios, los chicos ya son grandes y no me necesitan tanto. Es lo único que lamento.

Anhelo que aprendan a tener paciencia, y no como otros chicos de su edad que quieren todo ¡ya! Los jóvenes de hoy no se dan tiempo para lograr lo que quieren, y sin embargo los aprendizajes nutren, se llevan a cabo experimentando y reflexionando sobre la propia experiencia.

La vida es una elección; siempre les digo a mis hijos: "Elijan conscientemente, elijan honestamente, pero siempre elijan ser felices".

Podría decir que también aprendí mucho de cada uno.

De Agus, aprendí millones de cosas increíbles y sorprendentes a la vez, como relativizar muchos acontecimientos y situaciones, no preocuparme por "pavadas", ponerme en el lugar del otro, pensar como alguien que no puede hablar, o que no puede ver o que no puede caminar, pensar en sus tiempos y formas de funcionamiento. Ella le pone mucha fuerza a todo lo que hace y emprende. Tiene otra perspectiva de la vida, no le importa lo mismo que a la mayoría de la gente. Tampoco le importa mucho lo que opinan, dice "soy así"; es muy personal. Recuerdo que, cuando era chica, yo quería que pasara más tiempo con amigas, pero ella me decía que no siempre se sentía cómoda, las chicas hablaban de ropa, de zapatos, o de gimnasia, temas que no podía compartir. Por estas razones se fue alejando mucho, perdía contacto, casi nunca decía lo que le pasaba –se lo "comía"–, parecía enojada o de mal humor. De esto también intentamos aprender y seguimos aprendiendo…

Delfi es responsable, ubicada, desenvuelta, cariñosa, atenta; con ella aprendí a respetar los horarios, a escuchar, a recibir críticas tomándolas como oportunidades de transformación. En muchos aspectos, es parecida a mí –hasta en el físico, dice ella. Puede pelear, discutir mucho con sus hermanos pero con la misma intensidad se interesa por lo que les sucede, por cómo están, o los ayuda si es necesario. Me encanta conversar con ella y ¡es la única que toma mate!

Pauli es la más explosiva. Es transparente, dice todo, no tiene filtro, es comprometida y alegre. Con ella aprendí que aunque los chicos de su edad parece que no quieren escuchar, no quieren que les hablemos, igual escuchan, entienden. Ella me provoca y casi obliga a entender y adaptarme a otras realidades. Se parece a mí en que es muy familiera, disfruta que toda la familia ampliada –abuelos, tíos, primos– nos reunamos, viajemos y compartamos nuestro tiempo.

Luciano, mi hijo varón, es muy cariñoso, sensible, respetuoso de las normas y cualquier indicación que se le dé. Con él aprendí a cumplir algunas rutinas, a no responder el teléfono mientras conduzco, a ponerme en el lugar del otro, a comprender que cada uno tiene sus tiempos y hay que respetarlos. Cuando juega al básquet le gusta tenernos de hinchada, que lo vayamos a apoyar. Disfruta que lo acompañen tal vez porque también él es muy compañero. No es necesario ponerle límites, es una persona extremadamente responsable, preocupado por todo y todos.

Es lindo y gratificante empezar a ver cómo se van construyendo como personas, cómo se independizan, y ojalá la vida me permita seguir viéndolos crecer.

Mi deseo es transmitirles que no dejen nunca de reírse y divertirse mucho, que hagan deportes y se cuiden en las comidas para vivir sanamente, que sean solidarios y generosos, que aprendan a relacionarse con distintas personas y culturas, que sean respetuosos y sencillos, sepan valorar la diversidad y siempre piensen en dejar algo mejor de lo que lo encontraron. Que elijan bien y sean felices.

Ser esposa

Todo lo que trabajé, los roles que transité, lo que impulsé a lo largo de mi vida no habría sido posible sin la compañía constante y férrea de Walter, sin su apoyo incondicional y sus atinados consejos.

Nos conocemos desde muy chicos; crecimos juntos, nos apoyamos uno en el otro a lo largo de los años, en momentos difíciles y dolorosos. Pero también supimos –y sabemos– disfrutar de las cosas buenas de la vida.

Es mi confidente. Siempre compartí lo que me ocurría, iba en busca de su consejo, de otra mirada sobre lo que me preocupaba o planeaba. Su opinión para mí era importante a la hora de tomar decisiones. Es muy criterioso y objetivo; aunque, por supuesto, no siempre coincide conmigo. No tenía un "coach", mentor o psicólogo en aquella época, y él cumplía perfectamente ese rol.

Walter disfrutaba con mis éxitos.

En este camino compartido, pude observar que cada uno encara las situaciones de la vida de una manera diferente. Por eso es inevitable hablar de la complementariedad que existe no solo entre nosotros dos, también de la que hay entre hombres y mujeres. Llevar adelante un matrimonio implica tener en cuenta estas diferencias; saber que existen y que inexorablemente deberemos avanzar con ellas y a pesar de ellas.

En nuestro caso, nos comunicamos o resolvemos los conflictos según nuestra propia modalidad. A mí me gusta hablar todo, reunir a todos, comunicar lo que me sucede, aun sabiendo que al otro u otros no les va a satisfacer; quiero decir lo que me gusta y lo que no me gusta. En cambio él prefiere el silencio, resolver solo, no darle tanta vuelta a los temas. Conversar, exponer mis sentimientos, sensaciones y pensamientos me permite aclarar las cosas en mi interior y buscar soluciones. Con el tiempo me di cuenta de que estas características eran muy femeninas, en mi caso, y muy masculinas, en el suyo. Entenderlo, conceptualizarlo me ayudó a no insistir, a no enojarme tanto por algunos temas.

En los últimos años, Walter se interesó por la política y empezó su carrera como dirigente, otro gran aprendizaje en esta vida. Por mi lado, hasta ese momento yo votaba y nada más; ahí terminaba mi apuesta ciudadana. Ahora valoro más la importancia que tiene el voto, pero también involucrarse, que más gente preparada participe o se capacite para participar. Para entender bien cómo funciona la política, hay que estar en ella o compartir el día a día con alguien que lo hace.

Siempre creí que liderar una empresa responsable, también una Fundación, que participar en instituciones empresarias se constituía en mi aporte a la sociedad, y que era suficiente. Sin duda lo es y lo era, pero para lograr impacto e inmediatez lo mejor es hacerlo desde las instituciones públicas. Por eso acompaño a mi esposo en su tarea. Que fue y es maravillosa, pero para nada sencilla.

¡Qué rol tan difícil ser esposa de un político! La gente comenta sus cosas, dice lo que quiere y lo que necesita; quiero escuchar lo que dicen, y luego transmitir y sugerir. Pero al mismo tiempo me da pena ver cómo él llega al final del día abrumado por infinidad de cuestiones que la misma dinámica genera; entonces, ya no quiere escuchar nada.

En ocasiones pienso: ¿será por la forma de ser de Walter, por su estilo de liderazgo, o todos los políticos son iguales? Se enamoran de la política, le dedican todo su tiempo, quedan pocos feriados, fines de semana y pocas vacaciones para compartir. Otra vez aparecen en nuestra vida las tensiones para tratar de lograr el equilibrio entre la vida familiar y la pública .

Tiene la habilidad –que no cualquiera posee– de mirar hacia delante; sus metas son claras, no se enreda en pequeñas cosas, tiene presente lo que puede y lo que no puede, es sincero y directo.

Me siento orgullosa de ver que está haciendo un excelente trabajo, tratando de llevar adelante una buena gestión, enfrentando los desafíos permanentes pero al mismo tiempo tratando de no perder el apoyo de la gente y el consenso.

Si hablo de participar, de comprometerse con las instituciones y no acompañara a mi marido en esta etapa, no sería íntegra. Toda la familia hace un esfuerzo pero también disfrutamos sabiendo que juntos y apoyándonos estamos colaborando con la ciudad que nos vio nacer y crecer a todos. Queremos mucho a nuestra ciudad, a nuestra provincia, y nos sentimos bien argentinos.

TRANSMITIR, CAPACITAR, EMPODERAR

"Me interesa el futuro porque es el sitio donde voy a pasar el resto de mi vida."

Woody Allen

FLOR: Fundación de Liderazgos y Organizaciones Responsables

El origen de la Fundación

Me reconozco soñadora, creadora, pero lo que más me atrae es la acción, la ejecución, me siento muy bien cuando se concretan los sueños.

La primera etapa de mi vida abarca un período en el que me formé como mujer y como profesional. La segunda, estuvo signada por el propósito de construir una familia y una empresa. Al mismo tiempo, en esta etapa se consolidó esa compañía que, desde mi Carlos Casares natal, se proyectó y se convirtió en un referente importante de los agronegocios.

En lo que me gusta llamar "la tercera etapa de mi vida", pretendo dedicarme a compartir mis aprendizajes con otros, a soñar y accionar con los que quieran sumarse para construir una sociedad mejor para todos.

De este deseo, nace a fines de 2012 FLOR, una sigla cuyo significado es: Fundación de Liderazgos y Organizaciones Responsables; en primer lugar, con la idea de articular las diferentes acciones que ya venía desarrollando en distintos ámbitos de mi vida, especialmente en el académico, sin vinculación entre una y otra, de manera algo desordenada.

A partir de 2007, algunas universidades e instituciones intermedias empezaron a convocarme para dar charlas; consideraban que podía compartir herramientas útiles para la transición de las pequeñas y medianas empresas y de las firmas familiares hacia compañías de envergadura, sustentables, y me pedían que disertara sobre estas temáticas.

En 2009, se reformula la Escuela de Negocios de la UCA y por mi acercamiento a las Pymes, a través de la SGR, o por haber tenido una Pyme familiar y entender su problemática, me invitaron a organizar una actividad para capacitar y colaborar en el desarrollo sostenible de estas empresas, y así me animé a dirigir un programa ejecutivo que se llamó PGE –Programa de Gestión Empresaria–, que ya cuenta con varias ediciones. Era un buen momento para intentar hacer mi aporte al crecimiento de muchas Pymes. Según el Ministerio de Industria de la Nación[1], actualmente en el país hay 603.000 Pymes, de las cuales el 10% son industriales; representan el 99% del total de empresas, el 60% del empleo y el 45% de las ventas totales.

En Los Grobo, ya había comprobado que todo lo relacionado con las problemáticas propias de la gestión, en general no siempre se abordaba en las carreras de grado, los cursos de capacitación o las maestrías existentes en el país. Entonces decidí enfocarme a diseñar programas breves que las incluyera; digo breves porque para los ejecutivos o las personas que están trabajando el tiempo de atención que pueden destinar no es mucho, y además porque quieren algo que sea práctico, de rápida implementación.

Era consciente de la importancia de desarrollar programas para Pymes y para las empresas de familia, y si bien

---

1. Cifras publicadas en el año 2013 por dicho ministerio.

tenía experiencia en el tema, invité a Laura Gaidulewicz para encarar esta propuesta juntas; sentía que su formación académica, sumada a mi experiencia y canalizadas en este proyecto, podían dar buenos resultados. Como en la mayoría de mis emprendimientos, procuré que se sumaran más personas, por diversos motivos: en principio porque necesito aprender y, en este caso, porque el diseño y desarrollo de los programas de formación requiere de una *expertise* que podía sumar Laura. Por otro lado, como realizo tantas actividades simultáneamente y vivo en Carlos Casares, para mí es vital contar con personas responsables, que se ocupen del día a día de la gestión y afronten cualquier imponderable que surja. Con ella fuimos desarrollando otros programas e iniciativas. Pensamos entonces en armar un centro que las articulara y que nos permitiese también plasmar el *know how* que íbamos construyendo en relación con las problemáticas trabajadas. Así surgió el CLOC –Centro para Liderazgos y Organizaciones Comprometidas.

La experiencia en la UCA fue muy positiva, pero un cambio de rumbo en esa universidad impidió que se pudiera seguir avanzando con el Centro y hoy en día solo continuamos dirigiendo ambas el PGE –Programa de Gestión Empresaria.

Nunca me gustó que las cosas queden truncas, y sentía que si no le daba continuidad a ese proyecto discontinuaría algo con mucho potencial; había apostado a él y quería seguir haciéndolo.

Una cosa llevó a la otra y surgió la idea de crear una fundación que retomara parte de la experiencia que desarrollamos desde el CLOC. Por lo tanto, FLOR es la concreción de ese sueño. Mejor dicho: es la nueva plataforma para canalizar sueños. Esta entidad de bien público y sin fines de lucro tiene por objeto "promover el desarrollo de una cultura responsable y comprometida con las personas y organizaciones tanto públicas como privadas".

FLOR invita a todos a sumarse para que crezca día a día a partir de una red de personas que creen que un mundo mejor es posible y que solo nosotros mismos podremos lograrlo.

Metas y objetivos

FLOR nació el 21 de septiembre de 2012 –como no podía ser de otro modo, un Día de la Primavera. Su creación obedece al propósito de agradecer los aprendizajes y las experiencias que nos ayudaron a crecer y que hoy son la semilla de la Fundación. Surge con la idea de articular las diferentes acciones que venía desarrollando en los últimos tres años, especialmente en el ámbito académico.

Con Laura Gaidulewicz empezamos a recorrer el camino de formar a otros. Y es así porque consideramos "la formación como un soporte para el propio desarrollo de las personas, que va más allá de la transmisión de conceptos y que requiere del compromiso de formadores y formados para generar aprendizaje, para generar transformaciones"[2]. Los objetivos de FLOR son:

- Promover buenas prácticas de gobierno organizacional, condición *sine qua non* para la sustentabilidad.

- Colaborar en el desarrollo de líderes responsables, empresariales y sociales, que sean capaces y asuman la tarea de motorizar una sociedad más justa.

- Impulsar acciones que permitan apalancar el desarrollo económico y social de nuestras comunidades, particularmente en el interior del país.

---

2. Laura Gaidulewicz, en "Grupos y dispositivos de formación para el empleo", documento, 2001.

- Estimular los liderazgos que valoren la diversidad, haciendo especial hincapié en la inserción de la mujer en posiciones de conducción en todos los órdenes.

Gracias a la gestión diaria, sé que la problemática real no se resuelve solo con un plan de negocios, marketing, presupuesto, etc.; es más compleja porque abarca muchos problemas simultáneamente y no hay un tema aislado.

Mi experiencia me había enseñado que la formación para la toma de decisiones en cargos de gerenciamiento –que comprende desde el jefe hasta los directivos– tiene que hacer foco, por un lado, en que hay alguien que toma decisiones y, por otro, hay otros que las ejecutan. Quien decide indicará a su gente qué tiene que hacer y hacia dónde avanzar. Y debe saber que a él se lo va a medir por lo que hace su equipo de trabajo.

En los programas de formación que desarrollamos con la Fundación, los que están al mando aprenden lo que implica delegar y hacerse cargo de las decisiones que tomaron.

Además, hay cuestiones vinculadas con los valores que muchas veces quedan en segundo plano o directamente no se plantean en la formación universitaria; en nuestros programas se puntualizan y se reflexiona sobre ellos. Quien lidera debe, por ejemplo, hacerse la pregunta "¿qué priorizar?".

Las propuestas de trabajo que desarrolla FLOR tratan de poner el acento en la ayuda para alcanzar una transformación personal a través de los otros, aprendiendo a cuestionar, que es la mejor plataforma para cambiar lo que cada uno hace, la manera en que habitualmente piensa, y crecer día a día como profesional y como persona.

Nuestro logo

El logo es una flor, que sintetiza nuestras aspiraciones. El diseño ha sido desarrollado para representar los ideales y la misión de nuestra Fundación.

El tallo es una flecha que se dirige hacia arriba; representa una actitud positiva, productiva y tenaz. Es la actitud que deseamos que florezca en todo líder para que, articulándose con otros, ayude a construir un mundo mejor desde su ámbito de trabajo cotidiano. Creemos que cada uno es capaz de generar un cambio, de mejorar nuestro entorno, y es a partir de allí que, como comunidad, lograremos acompañar y exigir que rindan cuenta quienes resuelven y comprometen el destino de nuestra sociedad.

El verde también es el color de la naturaleza por excelencia. Representa armonía, crecimiento, esperanza, exuberancia, fertilidad y frescura. Nuestro proyecto tiene como pilar el desarrollo sustentable, identificado con el color verde, que exige la responsabilidad de cada uno de nosotros en preservar el destino de las generaciones futuras.

La corola está conformada por cuatro pétalos de distinto tamaño, es símbolo de la diversidad y la inclusión. Además de los resultados a nivel social, económico y medioambiental, cada organización tiene el compromiso de promover la diversidad en todas sus formas, dado que es el cuarto pilar para el desarrollo sustentable. La diversidad es hoy una herramienta central para hacer frente a la complejidad y vertiginosidad del mundo actual, que solo puede ser abordado articulando diferentes puntos de vista, diferentes capacidades, diferentes experiencias de vida.

El color magenta de los pétalos sugiere entrega, ayuda, bondad y serenidad, además de vitalidad y entusiasmo. Estas cualidades son indispensables en un entorno respetuoso de la diversidad que exalta la legitimidad de las diferencias individuales, sociales y culturales.

Por último, el color púrpura predominante en el fondo del logo sugiere sabiduría, creatividad, independencia y dignidad. Esperamos que estos cuatro pilares sean la base para la construcción de líderes y de organizaciones responsables.

El desafío de formar a otros

Ser empresario implica correr riesgos, enfrentar desafíos y atravesar momentos de incertidumbre (en algunas épocas, también de insomnio). Por eso es tan importante contar con un espacio de capacitación y reflexión. Tanto el Programa de Gestión Empresaria que dictamos en la UCA como en la Diplomatura en Empresas Familiares que desarrollamos en la Universidad Siglo 21 –también los que hagamos en el futuro– pretenden ser experiencias de reflexión y aprendizaje sobre los principales temas relacionados con la gestión de las empresas que enfrentan el desafío de profesionalizarse y ser sustentables; pero son asimismo un espacio de análisis sobre liderazgo. Apuntan a promover cambios en la forma de hacer las cosas, de ejecutar las ideas o de convertir en realidad los sueños de quienes eligen sumarse. A lo largo de los encuentros, se estimula dejar de lado los esquemas rígidos y abrir la mente a la creatividad; la idea es que se pueda repensar tanto el futuro personal como el de las empresas desde su lugar y desde el presente en que se encuentran, y así visualizarlas en el futuro.

En lo personal, me gusta que los programas de formación que desarrollamos desde FLOR sean originales, que los participantes se sorprendan; es importante darles una batería de herramientas, hacerles conocer todo lo que hay en el mercado, pero también ayudarlos a darse cuenta de que hay que ser curiosos y salir del propio mundo, del día a día, para generar y fortalecer redes que los ayuden a evolucionar y crecer.

"¿Cómo van a tener una Pyme y desconocer SEPYME o no haber ingresado en su página de internet?", les pregunto. Entonces invitamos a responsables de ese organismo público para que hablen de todos los programas que ofrecen y para que se establezca un contacto más directo, porque esa también es la idea: contactar, acercar, facilitar, unir.

Por un enfoque personal que me gusta darle al tema, evito estudiar los casos de otros o los que ya se plantean en grandes universidades. Durante el programa tratamos de tomar como casos de análisis y discusión aquellos que los alumnos postulan en el aula; algunos de los que participan se animan a exponerse, a abrir su empresa o emprendimiento para que todos los evaluemos.

También damos una clase en la Bolsa; quiero transmitirle a la gente la convicción de que al mercado lo construimos entre todos y que hay lugar para los chicos, que no hay que ser grande para invertir u obtener financiamiento allí.

Otro de los temas que se debaten en todos los programas es la inclusión de la diversidad, la importancia de las diferentes generaciones, la incorporación de la mujer, que haya personas con capacidades diferentes en la toma de decisiones.

Liderazgo responsable

FLOR también quiere plasmar el trabajo social y el desarrollo local, porque es una manera de alimentar nuestras raíces y de ayudar a que las pequeñas ciudades de nuestras provincias sean un buen lugar para vivir, capaces de retener y desarrollar sus talentos. Aspiramos a que en ellas la salud y la educación sean dos pilares fundamentales. Luego, veremos cómo gestionar mejores rutas, autovías, ferrocarriles, mejor comunicación, la clave para el desarrollo de nuestros pueblos y de la zona rural.

Uno de los aspectos de mayor importancia para resolver en nuestro país es dejar de hacer las cosas aisladas; debemos fortalecer y articular lo que hay en este presente para que tenga impacto, y FLOR se encolumna en ese deseo. Me gusta la cooperación, no el individualismo, y si esa cooperación se da entre diversos actores, es mucho mejor.

Aspiro a relaciones de reciprocidad que ayuden al progreso económico, social, cultural y ético de cada comunidad, de cada nación, de cada región del planeta. Y es fundamental no frustrarse si este objetivo no se logra enseguida. Lo importante es estar convencidos de lo que deseamos, y alcanzar las metas paulatinamente.

Tengo un interés puntual en promover gente que tenga buenas ideas; es un reto. Me gusta la gente profesional en su forma de funcionar en tanto en lo que haga no pierda los valores. Apuesto a las personas que crean que es posible construir una sociedad mejor para todos, que estén dispuestas a poner el hombro, a comprometerse. A través de FLOR, el objetivo es formar líderes para el futuro, sumar "apóstoles" –así me gusta llamarlos– que lleven esta visión de la construcción de lo colectivo. Me mueve la posibilidad de vislumbrar juntos un futuro mejor, en el que cada uno pueda hacer las cosas por y para sí, y al mismo tiempo por y para la persona que tiene a su lado, y por y para la que está por nacer.

Un líder responsable es una persona que se compromete con lo que hace, con quienes lo rodean, que escucha atentamente a otros, que le gusta ayudar, pero que, ante todo, está dispuesto a rendir cuentas en primera persona.

173

Es una forma de vivir, la razón por la que me movilizo todos los días, lo que me motiva a crear ideas que generen para todos un mejor lugar, una vida mejor.

Según la Real Academia Española, es responsable quien "pone cuidado y atención en lo que hace o dice"; es aquel que conscientemente es la causa directa o indirecta de un hecho y que, por lo tanto, es imputable por las consecuencias de ese hecho.

Somos responsables si podemos mejorar sin límites los rendimientos en el tiempo y con los recursos propios del lugar donde habitamos o trabajamos; somos responsables si podemos asumir las consecuencias que las omisiones, obras, expresiones y sentimientos generan en el entorno, en las vidas de los demás, comprendiendo que vivimos con otros, en sociedad. También lo somos si fomentamos buenas prácticas en las organizaciones en las cuales participamos, ya sean privadas, públicas, los clubes, las cooperadoras, etc.

Comparto que el líder es aquel que se propone y puede cambiar algo que no está bien, o mejorarlo. Alguien que consigue seguidores, que elige un buen equipo, que se preocupa por preparar y reconocer a otros líderes.

A veces me pregunto si es bueno tener un solo líder en una organización o es mejor que haya muchas personas liderando diferentes áreas; si la palabra liderazgo no debería comprometer a los grupos de personas y así salir de lo individual.

Después de estas reflexiones, la inevitable pregunta que surge es: ¿Qué implica para mí el Liderazgo Responsable? En mi opinión, las respuestas son:

- Rendir cuentas, no esperar que nos las pidan; saber y ser conscientes de la influencia que tiene lo que hacemos, lo que decimos; responder por nuestros actos, ser *accountable*.

- Planificar, planear y evaluar cada acción y corregir el rumbo de las decisiones ya tomadas. También, sopesar causas, consecuencias, preocuparse por el impacto de las acciones impulsadas en todos los grupos de interés, por el bien común, por el presente y por el futuro.

- Trabajar en equipo, comunicar las decisiones y los principios que las sustentan, pero también escuchar, dialogar, fomentar la discusión, generar redes.

- Actuar con transparencia, con humildad, con generosidad y con empatía, tratando de entender las necesidades de los que nos rodean.

- Pensar en la Excelencia –con mayúscula–; hacer lo que hacemos todos los días un poco mejor. Ello requiere ser innovador, creativo.

- Desarrollar un alto grado de inteligencia emocional, sentido común y, fundamentalmente, ser resiliente.

La responsabilidad social no reside en un área específica: no está en Marketing ni en otro sector de una empresa, tampoco en una Fundación; no es caridad, no es una tarea satélite, es la razón misma de ser de la empresa, que debe producir entusiasmo para realizar la tarea todos los días. En Los Grobo, esa responsabilidad se ha hecho evidente en la misión de querer ser el mejor ambiente para el desarrollo de las personas y los mejores aliados para formar empresas o cumplir sueños.

La responsabilidad social es transversal a todos en la organización, compromete a accionistas, directores, proveedores, clientes; en fin, a todos los miembros de la red, ya que "tiene que permear en su red de proveedores, clientes, en su entorno social, político y económico. Para ello, es imprescindible que quienes ocupan puestos jerárquicos o de decisión aprendan a responder en primera persona sobre sus acciones y consecuencias"[3].

Considero que un ejercicio responsable del poder no solo es una demanda ineludible para las empresas y el sector privado, sino también para el ámbito político y el civil. Contar con líderes –ambiciono alcanzar un buen número de "apóstoles", gente joven, empresarios, como ya dije– que evangelicen sobre el liderazgo responsable, que participen en distintas instituciones, que las fortalezcan, que al escuchar y compartir cómo se trabaja y cuáles son las necesidades puedan ayudar a corregir prácticas, a impulsar iniciativas para una sociedad mejor. Anhelo que esos líderes sean los que transformen a la Argentina en un país diferente.

Declaración del Milenio

Siguiendo con la idea de modificar prácticas y generar iniciativas para una sociedad mejor, deseo poner foco en la Declaración del Milenio.

Este es un documento redactado en la Cumbre del Milenio –llevada a cabo en septiembre de 2000–, en la que los Estados Miembros de la ONU reafirmaron su fe en la Organización y su Carta para lograr un mundo más pacífico, próspero y justo, y se comprometieron a que la mundialización sea una fuerza positiva para todos los habitantes del mundo. Los objetivos acordados se conocen como los "Objetivos de Desarrollo del Milenio" (los ODM) y proporcionan un marco para que todo el sistema de la ONU tra-

---

3. "Un grito global por el liderazgo responsable", por Laura Gaidulewicz, en *Libro Blanco de la RSE*, Buenos Aires, Ediciones Mercado, 2011.

baje coherentemente y en conjunto hacia un fin común. El énfasis fue puesto en los siguientes puntos:

- Alentar la paz, la seguridad y el desarme.
- Lograr el desarrollo y la erradicación de la pobreza.
- Proteger el medio ambiente.
- Velar por los derechos humanos, la democracia y el buen gobierno.
- Proteger a las personas vulnerables.
- Atender las necesidades especiales de África.
- Disminuir las enfermedades.
- Reducir la injusticia, la desigualdad, el terrorismo y la delincuencia.
- Fortalecer a las Naciones Unidas.

Y se reconocieron ciertos valores esenciales para las relaciones internacionales en el siglo XXI:

- La libertad.
- La igualdad.
- La solidaridad.
- La tolerancia.
- El respeto a la naturaleza.
- La responsabilidad común.

Para plasmar en acciones estos valores comunes, los representantes de los países miembros, como se dijo, formularon una serie de objetivos de especial importancia, los "Objetivos de Desarrollo del Milenio":

Objetivo 1. Erradicar la pobreza extrema y el hambre.

Objetivo 2. Lograr la enseñanza primaria universal.

Objetivo 3. Promover la igualdad entre los sexos y la autonomía de la mujer.

Objetivo 4. Reducir la mortalidad de los niños menores de 5 años.

Objetivo 5. Mejorar la salud materna.

Objetivo 6. Combatir el VIH/SIDA, el paludismo y otras enfermedades.

Objetivo 7. Garantizar la sostenibilidad del medio ambiente.

Objetivo 8. Fomentar una asociación mundial para el desarrollo.

Estamos llegando al año 2015 y no se pudo cumplir con todas las declaraciones propuestas por las Naciones Unidas. FLOR pretende también aportar su granito de arena y acompañar, impulsar y apuntalar para que, más rápidamente, se concreten algunos de estos objetivos en nuestro país.

Desarrollo y articulación local

Nací en Carlos Casares, también mis hijos; crecimos, estudiamos y seguimos viviendo en esta ciudad, que es nuestra. Por eso deseo verla progresar y que su gente viva bien. A quienes vienen a visitarnos me gusta mostrarles cada rincón porque –como me sucede con muchas otras cosas que quiero– Casares me parece una ciudad digna de ser conocida.

Me gusta mejorar el contexto, promover prácticas saludables, motivar a otros líderes locales para que se contagien e inspiren con buenas ideas y acciones y así lograr una comunidad mejor.

La idea de un Maratón Solidario tuvo su origen en un evento de natación para personas con discapacidad que hicimos cuando Agus se estaba por ir a estudiar a Buenos Aires. Ella era una gran nadadora, teníamos en casa una pileta cubierta y fue muy bueno para su salud, su desarrollo; además para ella era estimulante nadar, participar en torneos bonaerenses y en otras competencias organizadas en otras ciudades de la provincia de Buenos Aires, en Córdoba o en la Ciudad de Buenos Aires. Queríamos motivar y ofrecerles posibilidades a otras personas con la práctica de este deporte que tan buen resultado nos había dado con Agustina. El otro objetivo en el que pensábamos para este evento era recaudar fondos para construir una pileta cubierta. No logramos recaudar el monto necesario. Esta inversión era muy costosa tal como la habíamos planteado y se necesitaba cierta estructura, además de la coordinación con un club de deportes y el Gobierno local.

Con los líderes de aquel momento, Maricel, Claudio y algunas otras personas de empresas e instituciones locales pensamos –siguiendo aquella dinámica– continuar haciendo actividades deportivas para recaudar fondos destinados a las instituciones de salud de Carlos Casares.

Queríamos algo inclusivo, para todos, donde participaran deportistas actuales y futuros, personas a las que solo les gusta caminar, personas en sillas de ruedas, padres con cochecitos de bebé, familias, gente con animales, gente grande, jovencitos. Aspiramos a una actividad en la que participara la comunidad en general.

El maratón consta de tres etapas: la competitiva, de 10 km; la participativa, de 5 km, y una de instituciones –jardines de infantes, escuelas, bomberos, entre otros.

La gente comenzó a entrenarse para participar; y quienes no lo hacen activamente vienen para colaborar, porque el Hospital Municipal de Casares es el único centro donde somos atendidos todos los habitantes de la zona; no existen aquí las clínicas privadas. Por eso decíamos, cuando invitábamos: háganlo por generosidad o por interés, como mejor se sientan, pero háganlo.

Este evento pasó a ser uno más de los muchos que ya son oficiales en Casares, se realiza el segundo domingo de mayo de cada año.

En la organización intervienen la Municipalidad, a través de la Dirección de Discapacidad y la Dirección de Deportes; la fundación FLOR, los Bomberos, el Rotary Club, el Club de Leones, las cooperadoras del Hospital y de la Escuela Especial 501. Muchas empresas, instituciones financieras, individuos y comercios también se suman a esta cruzada. Pero lo más importante es que todos quedamos muy motivados no solo por los resultados sino también por la emoción que nos provoca participar en iniciativas solidarias y saludables que apuntan al bien común.

"La Maratón Solidaria muestra la unión de un pueblo ante objetivos nobles y comunes

"La segunda edición de la Maratón Solidaria realizada días pasados en nuestra ciudad ha hecho el milagro de barrer de un plumazo esa mirada torva que teníamos de la realidad, para dejar demostrado que cuando un pueblo se une para el logro de objetivos nobles y comunes, todo es posible. Caminando o trotando, la familia, los funcionarios, los dirigentes de las instituciones intermedias y los vecinos en general no solo derrotan la crispación de la que hablábamos y el pensamiento negativo que paraliza, sino que contribuyen al logro de realidades comunitarias que van más allá de las mezquindades que suelen exhibir aquellos energúmenos que presagian calamidades y nutren de ponzoña al grupúsculo que los rodea.

"Caminando se aprende; cientos de vecinos se calzaron sus zapatillas y respondieron a una convocatoria con objetivos sencillos, la ayuda al prójimo, el respeto por la diversidad, el amor a la vida, la generosidad sin retaceos.

"La respuesta de los vecinos, traducida en números, fue tan positiva como su participación. El Hospital Municipal podrá contar con un va-

lioso elemento que de otra forma hubiera sido más complejo concretar. Los objetivos se cumplieron pero, más que eso, lo que quedó en claro es que las marchas también pueden realizarse con fines solidarios, que lo positivo también puede ganar la calle."

Periódico El Oeste, *13 de mayo de 2013*

Una segunda iniciativa para fortalecer y mejorar la calidad de vida de los casarenses surgió hace ya un tiempo largo. Una tarde me invitó a tomar un café y conversar una directiva de Mitsubishi Argentina. Como de costumbre, en estas ocasiones me pongo todos los "sombreros" juntos. Le comenté sobre LideRSE, el programa de Liderazgo que en ese momento se lanzaba en la UCA, de otros programas académicos, de las acciones de la SGR, de mi rol de directora y accionista, del Maratón Solidario, de FLOR… Pero ella tenía en mente hacer algo en conjunto con Los Grobo en Argentina, y me preguntó qué se me ocurría. Por supuesto que pensé que el mejor lugar sería Carlos Casares. No solo porque es donde nació la empresa sino porque siempre pienso en Casares como el mejor lugar para probar iniciativas innovadoras, como incubadora de proyectos que luego se pueden replicar en otras ciudades del país. Como paso mucho tiempo en ella, conozco a la gente dispuesta o en condiciones de colaborar, acompaño, hago el seguimiento. Además, en este presente se me hace más fácil articular esa acción privada con lo público.

Así, se empezó a canalizar la inversión social de esa firma en un proyecto conjunto con la Fundación Emprendimientos Rurales Los Grobo. Hoy me emociona el resultado, porque en él se enseña a trabajar, se incluye laboralmente a personas con diversas necesidades, y se provee de alimentos saludables a los comedores del Hospital, el Hogar de Ancianos y otras instituciones locales.

"Lanzamiento del proyecto Farming for future en Carlos Casares
"El martes 11 de junio de 2013 se realizó en la Ciudad de Carlos Casares, provincia de Buenos Aires, el lanzamiento del proyecto Farming for future gestionado por la Fundación Emprendimientos Rurales Los Grobo, en el marco de su programa "Potenciar Comunidades", en alianza con el Centro de Educación Agraria N° 17 y la Municipalidad de Carlos Casares. La iniciativa será financiada con fondos de Mitsubishi Corporation, movilizados a través de su programa de Responsabilidad Social Empresaria.
"Farming for future se propone 'facilitar la futura inserción laboral de los jóvenes del partido, brindando capacitaciones sobre técnicas de agricultura a pequeña escala con el fin de que adquieran capacidades para insertarse en la agroindustria local, autoemplearse y difundir los conocimientos adquiridos en sus comunidades y hogares'.
"Durante 2013 se espera involucrar a más de 200 jóvenes y adultos en actividades de capacitación teórico-práctica relacionada con la producción de frutas y vegetales bajo invernáculos y a la cría de aves. El proyecto buscará también funcionar como una fuente alternativa de abastecimiento de alimentos frescos para el Asilo de Ancianos, el Hospital Municipal y el Centro de Jubilados de Carlos Casares.
"Si bien el proyecto se implementa en la Ciudad de Carlos Casares y en la localidad de Ordoqui, está previsto extender su alcance en 2014 al resto del partido de Carlos Casares.
"Estuvieron presentes durante el lanzamiento del proyecto en Carlos Casares el señor Intendente, Walter Torchio, el presidente de Mitsubishi Argentina, señor Hiroyuki Kono, el presidente del Grupo Los Grobo y de Fundación Los Grobo, Gustavo Grobocopatel, y en representación de las autoridades educativas de la provincia de Buenos Aires, la Directora Provincial de Educación Agraria ,Adriana Tortoricci."

Cronicalocal.com.ar

Igualdad de oportunidades e inclusión

En la actualidad, y en todos los ámbitos, se ha impuesto la necesidad de luchar contra la discriminación y eliminarla, si esto fuera posible, de nuestra sociedad. Muchas empresas están tratando de dar un paso más y consideran que potenciar la diversidad de sus equipos de trabajo sería una ventaja competitiva, por el impacto positivo que puede traer al negocio incluir personas con distintas culturas, estilos, destrezas, educación y formas de ver el mundo; sobre todo en un mundo globalizado, en el que las empresas operan atravesando varios puntos del planeta. Es probable también que las organizaciones que valoren la diversidad de su gente generen ámbitos laborales más flexibles, capaces de contemplar las necesidades propias de cada individuo.

El respeto a la diversidad implica colocar el acento en el conjunto de valores, visiones, culturas, saberes organizacionales, metodologías y conocimiento que cada individuo y cada grupo trae consigo para poner al servicio de otros y de la sociedad.

Como dice Laura Gaidulewicz: "Cada ser humano tiene su identidad, definida por sus propias características, pero también moldeada por su trayectoria y experiencias de vida. Por tal motivo, es siempre diferente a otro. Estas diferencias pueden ser de origen genético o culturalmente construidas. El asunto está en qué punto de vista adoptamos. Es decir, si resaltamos aquello que nos hace comunes o somos capaces de valorar las diferencias y de poder pensar que podemos unirnos más allá de ellas. Esto implica pensar 'lo común' como un espacio de creación voluntaria, activa, que puede dar lugar a entramados más o menos rígidos, más o menos permanentes"[4].

He aprendido a lo largo de mi vida que es mucho más importante rescatar lo que las personas tienen o pueden aportar que insistir sobre aquello de lo que carecen o que no logran hacer. Recuerdo que muchas veces insistí para que un empleado fuera un buen administrativo cuando la realidad demostraba que era un excelente comercial. También comprendí que no tenía ningún sentido imponer o pedir que determinado

---

4. Ibidem.

trabajo se hiciera de una forma en particular, como si no hubiera otra. Con el tiempo fui generando una mirada distinta que me permitió vincularme con la gente desde otro lugar, y que aportó otras opciones; y esa actitud enriqueció el trabajo y al equipo que lo llevaba adelante. La vida me demostró que es mejor rescatar lo que cada uno tiene, ayudar a desarrollar los talentos y evitar insistir en lo que alguien en determinado momento o situación no tiene o no puede hacer.

Es importante, en las organizaciones, estimular la complementariedad entre los miembros de un equipo de trabajo. Esta premisa también la llevo a los directorios de las empresas cuando deben elegir un nuevo miembro; sugiero analizar qué competencias sería bueno fortalecer para tomar decisiones acertadas para el momento actual y futuro, y así buscar la persona que aporte lo mejor en ese aspecto.

La inclusión en todos sus órdenes y la valoración de la diversidad son dos desafíos centrales del siglo XXI. Particularmente, me preocupa hacer hincapié en dos problemáticas que se refieren a fortalecer la igualdad de oportunidades, especialmente en el ámbito laboral: 1) la inclusión de personas con discapacidad y 2) la plena participación económica, social y política de la mujer.

En el caso de las personas con discapacidad, su incorporación al mundo del trabajo no solo se relaciona con una razón económica, sino también social. Según la Organización Mundial de la Salud, más del 15% de la población mundial tiene barreras cognitivas, motores o sensitivas para el acceso a una vida social y económica plena, y esta tasa va en aumento. Es importante promover prácticas que contribuyan a la atención de la diversidad en el ámbito de cada empresa y generar contextos urbanos y rurales que disminuyan esas barreras de accesibilidad.

Pero, antes que nada, es fundamental dejar de lado los prejuicios y comprender que las personas con discapacidad pueden ser tan profesionales como cualquiera y trabajar en los ámbitos en que están formadas para hacerlo.

Existen muchos beneficios económicos que otorgan los gobiernos nacionales y provinciales por incorporar a personas con discapacidad a los ámbitos de trabajo. En este caso, lo cualitativo es muy superior a lo cuantitativo porque el ambiente de trabajo cambia, las personas modifican su perspectiva. Cuando hay personas con discapacidad en algún equipo de trabajo, en muchos casos se minimizan algunos problemas o dificultades, disminuyen las protestas, las críticas o los reclamos triviales.

Si en una mesa de toma decisiones hay personas de distinto género, edad, profesión, eso ayudará y enriquecerá los acuerdos porque, aunque pueda llevar más tiempo arribar a un consenso, sin duda esa riqueza permitirá que la decisión final tenga fundamentos sólidos, basados en diferentes perspectivas y posiciones; y se contemplará el bien de muchos, el bien común.

El hecho de que haya personas con discapacidad en un equipo de trabajo, también jóvenes o adultos mayores, se convierte en una oportunidad de aprendizaje para quienes integran ese equipo. Ayuda a entender y ponerse en el lugar de otros, a comunicarse claramente con apertura y transparencia. Ello requiere que las personas sean muy flexibles y sepan adaptarse a diferentes situaciones, por lo cual estimula a generar capacidades para enfrentar los cambios.

Hoy en día se están desarrollando distintas iniciativas y políticas tendientes a promover la igualdad de oportunidades y combatir la discriminación. A mí me interesa, en este sentido y como señalaba antes, trabajar en dos líneas: la inclusión de personas con discapacidad y la promoción de la igualdad de género.

Inclusión de personas con discapacidad

Para promover la no discriminación en el ámbito laboral el Estado ha impulsado diferentes leyes basadas en establecer cupos mínimos de personas con discapacidad en organismos públicos y privados. Así, el lunes 24 de diciembre de 2012 se promulgó la Ley 29.973, que en su artículo 49 obliga a las entidades públicas a emplear personas con discapacidad en una proporción no menor al 5% del total de sus trabajadores. En el sector privado, el porcentaje no debe ser inferior al 3%. Si bien considero que es una medida positiva para provocar un cambio de paradigma, la obligatoriedad debe ser por un lapso, hasta que se comiencen a ver los beneficios y se incorpore como "cultura" en las organizaciones, porque lo mejor es la automotivación y no la regulación –tanto en lo que se refiere a discapacidad como a género.

Si bien ya se están realizando acciones en las esferas públicas y privadas, aún hay mucho por hacer. Resulta necesaria e importante la sensibilización social sobre estos temas, a fin de que cobren visibilidad y movilicen iniciativas de cambio. Apenas se están dando los primeros pasos y creo que hay que lograr más impacto y acelerar los tiempos para concretarlo.

Hoy, a mis cincuenta años, deseo imprimirle un rápido impulso a este tema. Por este motivo FLOR abordará esta problemática como prioritaria para los próximos dos años, ya que desea ser una plataforma desde la cual podamos contribuir a instalar estos temas y priorizarlos en las agendas de las empresas, los gobiernos y en la sociedad en su conjunto.

Ya en los años en que dedicaba mi tiempo completo a Los Grobo participé de varias iniciativas tendientes a promover la inclusión de personas con discapacidad. Según la Oficina Internacional del Trabajo, las oportunidades de empleo para estas personas han cambiado durante los últimos veinte años. Hace un tiempo solo se podía pensar la integración a talleres protegidos o manuales. Actualmente, se fomentan las oportunidades de empleo en el mercado de trabajo abierto. Este cambio de paradigma se debe a una nueva forma de entender la discapacidad.

Desde entonces, mi intención fue formar un Club de Empresas Comprometidas en Carlos Casares.

A partir del año 2013, FLOR comenzó a acompañar actividades tales, como la Jornada de Inclusión Laboral, realizada en abril del mismo año en Carlos Casares, en la que participaron diversos actores de la comunidad, para compartir experiencias y fortalecer vínculos.

Desde el Consejo Escolar y la Dirección de Discapacidad del Municipio se invitó a participar a todos los establecimientos educativos de la zona, a los que se sumaron espontáneamente otros actores de ciudades cercanas, representantes de empresas y comercios locales, así como también distintos organismos estatales. A partir de esa Jornada, rápidamente se contagió el interés de otras instituciones de la zona, y logramos replicarla en Chivilcoy, Trenque Lauquen y 9 de Julio. La idea que nos mueve es formar un corredor de empresas comprometidas en la Ruta 5 con clubes en cada pueblo. Para cada uno de estos eventos contamos con la presencia del Club de Empresas de Buenos Aires, el gran impulsor de este movimiento.

La idea de los encuentros fue difundir y concientizar sobre la importancia de la inclusión laboral de personas con discapacidad para derribar los miedos y prejuicios, y motivar a los participantes a empezar a cambiar las cosas.

Sabemos que trabajar contra la discriminación y el prejuicio no es suficiente para construir sociedades donde las personas puedan desarrollar al máximo sus potencialidades. Hay que educar y divulgar cómo se deben preparar las personas con discapacidad para integrarse, qué deben hacer las empresas para recibirlas, entre otros temas. Pero entendemos que cada paso que se da para generar conciencia y promover cambios, por pequeño que sea, es útil y necesario.

Estas primeras iniciativas son solo una acción aproximativa a una serie de proyectos que intenta impulsar FLOR para ayudar a crear una sociedad más inclusiva, en la que se garantice la igualdad de oportunidades para todos.

La igualdad de género

La sociedad asume como algo natural que haya hombres en puestos jerárquicos y de decisión, pero el rol de la mujer en la alta dirección de una compañía u otro tipo de organización aún sigue siendo un tema de debate.

Muchas veces me preguntan por qué realizo actividades solo para mujeres. La frase habitual es: "Si sos partidaria de la inclusión, ¿por qué dejás afuera a los hombres?". Lo hago para impulsarlas, para ayudarlas a entender para qué somos buenas, qué actitudes debemos modificar, y para que la plena participación de la mujer tenga impacto e impulso. Si somos muchas y nos juntamos, nos potenciamos. Las mujeres necesitan capacitarse para ocupar cargos de dirección, entender su estilo de liderazgo, ganar mayor visibilidad.

Según las neurociencias, mujeres y hombres tenemos funcionamientos diferentes en lo emocional y en la forma de vincularnos con el mundo. Una parte de esa afirmación está relacionada con lo biológico, pero también hay un fuerte componente cultural. El liderazgo femenino en el núcleo duro del poder masculino es una realidad muy reciente. No obstante, existe una tendencia que puede promover mayor participación y aceptación de la mujer en espacios de dirección tradicionalmente reservados a los hombres, en tanto las cualidades que se valoran actualmente a la hora de liderar son atribuidas en nuestra cultura a lo que se denomina "lo femenino".

Según sabemos por estudios recientes, las mujeres tenemos una mayor capacidad para adaptarnos a un entorno cambiante y exigente, a la vez que una mayor conciencia social; utilizamos la empatía, sabemos delegar, dialogar y combinar acciones de trabajo en mayor grado que los hombres.

En mi caso, considero que el tipo de liderazgo que necesitan las organizaciones es el que se ejerce en conjunto, entre hombres y mujeres; que ambos se complementen y fortalezcan y que cambie de mano según las circunstancias y las necesidades.

Un aspecto importante que puede aportar la mujer a las organizaciones es la inteligencia emocional, ya que generalmente está más desarrollada y aceptada en ella, lo cual le permite entablar relaciones positivas con sus subordinados y colegas o resolver conflictos.

La importancia de promover la cultura de la igualdad en el lugar de trabajo se expande mucho más allá del ámbito de la responsabilidad social de las empresas. Es un principio general del Derecho Internacional ratificado por todos los países miembros de las Naciones Unidas y, por lo tanto, la responsabilidad de todos los actores de nuestras sociedades modernas. El cambio social profundo solo se producirá cuando se incluyan las voces de las mujeres y se aborden sus preocupaciones.

"Debemos demostrar y demostrarnos que podemos.

"Vicepresidenta del Grupo Los Grobo, Andrea Grobocopatel pertenece al 17% de mujeres argentinas que ocupan posiciones directivas, el más bajo de la región. Afable, cercana y optimista, esta bonaerense de 46 años, casada y madre de cuatro hijos, ensancha la sonrisa cuando le propongo que se defina. 'Polifacética, intuitiva, apasionada, ejecutiva y perseverante,

como la mayoría de las mujeres'. Sobrevivió a la crisis de 2001, armó la SGR de la compañía al estilo español y encuentra tiempo para el ´mentoreo´ de otras mujeres y para liderar el primer programa de gestión de empresas para mujeres en la escuela de negocios de la UCA.

–Cuéntanos sobre tu actividad...

–Participo de las reuniones de Directorio de las empresas del Grupo y lidero el Comité de Gobierno Corporativo. En lo académico, dirijo también los programas de UCA.

–¿Qué otras cosas ocupan tu tiempo profesional?

–El mentoreo o madrinazgo de mujeres, la participación y colaboración con instituciones públicas de Carlos Casares (la localidad en la que vivo), la escuela de mis hijos, una escuela para chicos con discapacidad, el Hospital Municipal, el gobierno corporativo, IAGO.

–¿Por qué crees que hay tan pocas mujeres en la dirección de las empresas?

–Recién ahora se está reconociendo la importancia del rol de la mujer, pero soy optimista porque pienso que hay cada vez más. Es muy importante que las mujeres demostremos al mundo (y a nosotras mismas) que somos capaces de llevar adelante empresas, países y otro tipo de organizaciones. Es decir, si hay más y buenos ejemplos, muchas mujeres se contagiarán y se darán cuenta de que es posible.

–¿A qué dedica su tiempo libre?

–Me ocupo mucho de mi familia (mis hijos, mi marido y mis padres), intento compartir el mayor tiempo que pueda con ellos. Soy muy amiguera, mantengo mi grupo de amigas de la infancia, mis amigas del secundario, de la facultad, amigas profesionales, ejecutivas. También el mentoreo de mujeres, conferencias en temas como Empresas de familia, Gobierno Corporativo, Desarrollo y Participación Ciudadana. Me interesa mucho ver qué podemos hacer por la salud y la educación pública. Camino...

–Admira en la gente...

–La fortaleza, admiro a la gente que no baja los brazos ante la adversidad, que es capaz de seguir adelante y triunfar, a aquellos que logran llegar a la cima en su profesión pero que mantienen su humildad y el buen humor, y a la gente alegre.

–¿Qué cosas la motivan en el trabajo y en la vida?

–Hacer cosas con otros. En el trabajo, armar equipos, mentorear personas y luego ver cómo crecen y se desarrollan. En la vida, conocer, viajar y disfrutar con mi familia."

Fragmentos de la entrevista realizada por Mercedes Wullich, directora de Mujeres & Compañía, 3 de noviembre de 2010.

En Los Grobo, desde sus orígenes, hubo mujeres y jóvenes que intervenían formalmente en la conducción de la empresa y participaban en la toma de decisiones. Esto impregnó la cultura del Grupo y cambió el rol de la mujer en la familia. La participación de la mujer ya estaba presente desde sus inicios; nunca fue un tema a impulsar. Probablemente no era lo que habría deseado papá para su empresa. Él quería hijos varones porque consideraba que solo ellos podrían llevar adelante un emprendimiento agropecuario. Pero mis padres tuvieron un hijo y tres hijas, y esa era la realidad familiar con la que contábamos.

Mi condición no me limitó. Tuve siempre claro lo que quería hacer en la empresa y el lugar de liderazgo que deseaba obtener; y para lograrlo trabajé, demostré que era idónea. Me gané mi lugar.

El aprendizaje que rescato de esta experiencia es que las mujeres no podemos quedarnos esperando que nos abran la puerta. No sé si mi papá hubiese procedido igual por propia voluntad; es evidente que influyó el hecho de que, desde chica, mostré interés y tenía un objetivo claro: trabajar con él, a su lado. Abrí la puerta, entré y me desempeñé en el área contable y de finanzas a la par de los profesionales *senior*, a la par de los hombres, siendo joven y mujer.

Mientras trabajaba en Los Grobo no era consciente de la discriminación de género; como muchas otras cosas que uno conceptualiza luego y no sobre la marcha. Creo que marqué una impronta en la empresa: lo importante era el desempeño, más allá de las diferencias. Hoy en día, en las búsquedas que se realizan en Los Grobo, es indistinto si quien se postula es hombre o mujer. Me siento parte de esta cultura que se generó y creo que serví como ejemplo; abrí una puerta, un camino, pero no lo advertí en su momento ni se convirtió en parte de un tema a discutir.

Voces Vitales

En la cultura empresaria de Los Grobo, la participación codo a codo de mujeres y hombres actuaba como motor de ideas, de innovación, y el resultado fue altamente positivo. De esto aprendí lo importante que es la participación de la mujer en las organizaciones, especialmente en la toma de decisiones, y por eso insisto y trato de sensibilizar sobre el tema. El propósito es que las mujeres impulsen iniciativas que se reflejen en una sociedad más justa y equitativa, respetuosa de sus recursos, de su gente y de su medio ambiente.

Por eso cuando me invitaron al Capítulo Argentino de Voces Vitales para que fuera mentora y miembro de un Consejo Asesor, no dudé en involucrarme rápidamente y en motivar a más mujeres para que se incorporaran. Vital Voices Global Partnership es una organización no gubernamental creada en 1997 por iniciativa de Hillary Rodham Clinton, entonces Primera Dama de los Eatados Unidos, y la ex Secretaria de Estado, Madeleine Albright, con el propósito de promover el progreso de la mujer como parte de la política exterior de ese país. Su visión es lograr que en cada mesa de decisión haya una mujer que lidere el cambio. Esta organización, que cree en el valor transformador de la participación de la mujer en la sociedad, trata de capacitar y empoderar a mujeres líderes emergentes en programas internacionales, para fortalecer sus habilidades, sus vínculos y su credibilidad, y las alienta a regresar a sus países, compartir lo aprendido y convertirse en agentes de cambio.

En Argentina, Voces Vitales tiene como misión fortalecer el liderazgo de las mujeres de nuestro país para impulsar el crecimiento de sus comunidades. A través de programas de capacitación y mentoreo, trabaja para identificar, entrenar y fortalecer a jóvenes líderes emergentes en las áreas política, social y económica.

192

Poder participar de esta organización como mentora ha sido para mí una experiencia sumamente enriquecedora. Me he dado cuenta de que el efecto positivo del mentoreo se refleja en ambas partes; es el tipo de relaciones que me gustan, basadas en el ganar-ganar. La mentora, al compartir su experiencia, reflexiona sobre ella misma, sobre sus aprendizajes; al mismo tiempo, las preguntas de la *mentee* la ayudan a repensarse, a planificar su futuro. La *mentee,* por su parte, escucha realidades que complementan claramente su formación y la ayudan a transformarse y empoderarse. Toma confianza en sí misma, pierde temores.

Son cada vez más las mujeres que presiden países o son candidatas a presidirlos, además de las legisladoras, ministras, embajadoras. Soy optimista al respecto; si hay más mujeres en cargos de decisión y buenos ejemplos, muchas otras se contagiarán y se darán cuenta de que es posible ser gerente, directora, aun siendo esposa y madre. Por eso me entusiasma y valoro tanto lo que hacen algunas revistas, como *Apertura* o *Clase Ejecutiva,* cuando entrevistan a mujeres o publican notas sobre líderes mujeres; es una forma efectiva de dar visibilidad. Cuando el periodismo se hace eco, contribuye en la misma dirección, provoca cierto impacto. "Si esta mujer lo hizo, se puede", piensan los lectores y las lectoras, lo cual incentiva a otras mujeres a seguir, a no abandonar; se estimulan, se empoderan, como decimos ahora.

Pero ingresar en esos ámbitos nos exige convencernos de que nuestros aportes son valiosos y que hay que tratar de buscar el justo reconocimiento. Considero que la formación para asumir roles de liderazgo, así como también los programas de mentoreo, ayudan a las mujeres a tomar conciencia del valor de su propio proyecto de desarrollo personal y profesional. Desde FLOR trabajamos en ambas líneas y acompañamos a otras organizaciones que se ocupan de estos temas, para poder derribar varias de las barreras que aún persisten. Para ello:

- Las estimulamos a participar de manera activa en la vida social, económica y política.
- Brindamos contactos y damos visibilidad a quienes ejercen liderazgos o están en camino de ejercerlos.
- Las ayudamos a que aprendan a conocerse a sí mismas.
- Las entrenamos para comprender la realidad y actuar en diferentes escenarios; y lograr, al mismo tiempo, un equilibrio de familia-trabajo-una misma.
- Les enseñamos a comunicarse, a negociar y prepararse para relacionarse con otros.
- Promovemos a las líderes para que preparen a otras mujeres líderes, a través del mentoreo y la formación.

El número de mujeres en lugares de toma de decisiones es un tema de relevancia internacional y se realizan distintas acciones para acrecentarlo. Durante mucho tiempo, la idea del cupo femenino me rondó en la cabeza, me generaba conflicto adoptar una postura al respecto. Hoy creo que el cupo es importante si se establece por dos o tres años, a fin de acelerar la transformación social que hace falta, porque los procesos son lentos y el mundo necesita de cambios sustanciales ya. Pero lo deseable sería que ese número se equilibrara naturalmente, sin intervenciones externas.

Me encanta cuando me dicen que soy un referente para las mujeres jóvenes, trabajen o no trabajen conmigo. Quiero que sientan que se puede lograr lo que una se propone y que, si me necesitan, no tienen más que escribirme o llamarme.

Experiencias únicas que alimentan
esta tercera etapa

En estos años tuve la oportunidad de compartir algunas experiencias que no solo dejaron huella en mí sino que también dejaron su impronta en el proyecto de FLOR, en sus
líneas de trabajo.

La primera de ellas fue una de las reuniones anuales
del Foro de Mujeres para la Economía y la Sociedad, cuyo
objetivo es promover el empoderamiento de las mujeres en
la industria y la sociedad. Este Foro fue fundado en 2005
por la psicóloga francesa Aude Zieseniss de Thuin, y se realiza anualmente en Deauville, Francia. Estuve allí en 2011;
por tratarse de la primera vez fui a mirar, a observar. Viajé
con cinco integrantes de las *Mariannes* –un grupo de mujeres de negocios franco-argentinas, creado bajo el paraguas
de la Embajada de Francia, al que pertenezco desde que me
invitaron a contar mi experiencia de vida. Lo mismo ocurrió con FAME, el Foro Argentino de Mujeres Ejecutivas, un
espacio de *networking*, acompañamiento y reflexión sobre el
rol femenino en los cargos directivos de las empresas.

Me impactó notablemente encontrarme con más de
cinco mil mujeres de distintas partes del mundo. Me admi-
ró el abanico de temas que se tocaron; no se limitaba a la
problemática de la mujer. Se abordaron las cuestiones y los
contenidos que más preocupan a las sociedades y al desarrollo de los mercados. En octubre de 2012, en Deauville,
las líderes mundiales intercambiaron opiniones sobre el empoderamiento femenino y el crecimiento global. "Las mujeres son pensadoras y protagonistas cruciales para ayudar a
transformar las sociedades cuando este mundo busca más
que nunca alternativas e innovaciones", expresó Veronique
Morali, presidenta del Foro, en su discurso inaugural. Me
gustaría volver a participar del Foro en 2014 y abordar la

problemática de la participación de la mujer en los directorios de la compañías y en la toma de decisiones.

"50 Mujeres líderes - 2009
Andrea Grobocopatel
Vicepresidente Grupo Los Grobo
45 años, casada, tiene cuatro hijos.
En 2009 ganó el premio a la mujer independiente

" *'¿Cuándo vas a largar el celular y la compu, mami?', decía*
el cartel con el que la despertaron sus hijos el último Día de la Madre.
Inquieta por naturaleza, Andrea Grobocopatel dice que no puede hacer
menos de dos cosas a la vez. 'En un tiempo, caminaba y estudiaba inglés',
recuerda la mujer del clan familiar −es hermana de Gustavo, el frontman
del grupo−, quien aró el desembarco de la empresa en Paraguay y que aho-
ra lidera Los Grobo Sociedad de Garantía Recíproca. Es presidente −'fue
idea mía', agrega la ejecutiva− de la Cámara de SGR.
¿Cómo llegar?
'Hay muchas 'e': equilibrio, esfuerzo, empatía y enredándose. Esto úl-
timo es generar redes', concluye Grobocopatel, economista, con estudios en
Administración Agropecuaria en la UBA, en la Universidad de Illinois
(Estados Unidos) y en la National Association of Corporate Directors Institute."

Entrevista de la revista Apertura, *9 de noviembre de 2009*

Tuve ocasión de vivir otra experiencia enriquecedora,
esta vez en Beirut, capital de El Líbano, en el año 2011.
Después de evaluar las condiciones del viaje y si sería pro-
vechoso para mis proyectos futuros, me decidí a compartir
varios días con otras mujeres, en un país de Oriente del que
poco conocemos, ya que lo que nos llega está impregnado
de clichés y prejuicios.

Fui acompañada en todo momento por Gillian Robin-
son, Program Coordinator, Vital Voices Global Partnership.
Gracias al encuentro conocí gente muy interesante como
Judith Barton, de Reino Unido, quien asesora en Asia a
empresas de familia y es *coach* de mujeres en el desarrollo
de sus carreras profesionales; y a Aisha El Maneh, directo-

ra de su empresa familiar, Mohamad Ibrahim Al Maneh & Brothers, quien además es activista femenina en Arabia Saudita. Ella me enseñó mucho sobre su país, pero sobre todo acerca de la vida en el marco de la monarquía y el lugar de las mujeres en el mundo árabe. En cuanto a las empresas de familia, Judith me comentó que la intención de profesionalizar las compañías ya no es, como antes, una iniciativa de los más jóvenes; también la convocan los propios presidentes de las compañías.

En cuanto a mi participación, hablé de la situación de las mujeres en la Argentina y, por lo que pude notar, les despertó interés que mi lugar de procedencia fuese Latinoamérica.

La mañana antes de regresar nos reunimos las tres Embajadoras Corporativas con profesores de Estrategia y de Emprendedorismo de la Olayan Business School y de la American University de El Líbano, para organizar entre todos la agenda y el plan de acción del año siguiente para la Liga Libanesa de Mujeres de Negocios. Creo que es una gran idea que las universidades ayuden a otras instituciones a redefinir sus estrategias.

Las vivencias de este viaje reaparecieron cuando el viernes 17 de junio de 2011 les expliqué a 200 mujeres, en Río Cuarto, Córdoba, que, si bien son numerosos los avances en cuestiones de género, son muchas también las mujeres que en la actualidad están privadas de sus derechos; y que la desigualdad de acceso y oportunidades respecto de los hombres es tan injusta como enorme.

Finalmente, la experiencia que también movilizó las iniciativas que vengo impulsando en estos temas tuvo lugar en mayo de 2012. Viajé para participar en el Women's Entrepreneurship Program for Latin America and the Caribbean, organizado por el United States Department of State y el Bureau of Educational and Cultural Affairs.

Fuimos convocadas y becadas por la Embajada de Estados Unidos cerca de treinta mujeres de veintidós países de Latinoamérica y el Caribe para participar en el encuentro mencionado, desde el 12 al 24 de mayo de 2012.

La Embajada nos seleccionó por el potencial que cada una de nosotras tenía para liderar el cambio, para devolver a nuestras comunidades y a otras mujeres lo aprendido, pero también para ayudarnos a hacer crecer nuestra idea, proyecto o empresa.

Evalué si era positivo participar, porque estos viajes suelen ser una oportunidad única, ya que los encuentros colectivos superan lo que cada una pueda hacer sola o las posibilidades personales de acceder a ciertos lugares decisivos. Si bien dejar a mi familia y viajar sola no es lo que más me gusta, consideraba que era una oportunidad que no debía dejar pasar. Como siempre, consulté con Walter, quien coincidió conmigo y me apoyó. Igualmente me volví un par de días antes, porque Carlos Casares estaba viviendo una de las peores inundaciones del último tiempo y me daba mucha pena no acompañar a mi esposo. Por otro lado, mis hijos estaban con "menos padre", necesitaban mi presencia.

Llegamos a Washington mujeres de Bolivia, Brasil, Chile, Colombia, República Dominicana, El Salvador, Granada, Guatemala, Haití, Honduras, Nicaragua, Panamá, Paraguay, Perú, Surinam, Trinidad y Tobago, Uruguay y Venezuela.

La etapa inicial del programa se orientó a la participación de la mujer en la política, y desde ese lugar, su aporte a la educación y la salud a través de iniciativas y programas destinados a las mujeres y las niñas, para combatir la violencia en todas sus formas, ampliar el papel de la mujer en la generación de oportunidades económicas y promover su participación política.

De ahí nos llevaron a Kansas City, donde recibimos capacitación en la Fundación Kauffman, dedicada a promover la formación empresarial para aumentar el número y la tasa de éxito de personas que participan en el proceso de iniciar y desarrollar su propia empresa o idea. Allí asistimos al taller *Listening your Business*, diseñado por la Fundación para ayudar a nuevos empresarios a evaluar y medir las estrategias del negocio.

"La capacidad empresarial es la estrategia más poderosa para ayudar a las personas a lograr independencia económica y servir como catalizador para crear fuentes de trabajo y riqueza en la sociedad", considera Kauffman.

Este lugar fue muy estimulante, me inspiré mucho en sus premisas para definir qué plataforma necesitaba para lo que venía pensando, y ayudar en la Argentina al desarrollo organizacional de empresas Pymes, especialmente empresas de familia, además de fortalecer habilidades empresariales –principalmente en las mujeres– para lograr independencia económica y libertad. Esta me parece una forma positiva de trabajar contra la violencia de género también, porque si tenemos personas empoderadas y libres lograrán escapar de esas situaciones de dominación.

La última etapa del programa fue en Houston, Texas, y estuvo más orientada a la actividad empresarial de la mujer. Era importante aprender de las experiencias exitosas de otras empresarias y también compartir las reflexiones de una empresaria a la que no le había ido bien, pero que de manera muy honesta narró sus experiencias. De este viaje volví muy motivada para avanzar efectivamente con mi Fundación, para entender que debía dedicar mucho tiempo a empoderar a las mujeres para que desarrollaran sus propias empresas y crecieran en áreas corporativas.

Para que este programa tuviera continuidad los organizadores acordaron ese año un Segundo Encuentro en Managua para hacer el seguimiento de nuestros proyectos.

¿Qué aprendí de esta experiencia? Aquí van algunas respuestas:

- Que cuando las mujeres nos proponemos algo y nos unimos en pos de un objetivo común somos capaces de lograr cosas maravillosas, tanto en un emprendimiento personal como en ayudar a la sociedad en todos sus aspectos.

- Que una participación política responsable brinda grandes aportes a la educación y a la salud, y combate la violencia, lo que permite construir una sociedad más justa.

- Que transmitir conocimientos, ideas y vivencias ayuda a otros a lograr independencia económica. Da libertad, confianza en sí mismo, y es una buena manera de crear fuentes de trabajo y riqueza para todos.

- Que, como mujeres líderes de negocios, debemos promover ese cambio. La realidad nos exige ser protagonistas; ya no es tiempo de ser observadoras o acompañantes.

El tiempo por venir

Y de hora en más, ¿cuáles son mis sueños y mis desafíos?

Me gustaría ser directora de una compañía no familiar en el exterior.

Contribuir al aumento de la participación femenina en los directorios y de la inserción laboral de personas con discapacidad.

Acompañar a algunos líderes responsables a "caminar" las empresas, las instituciones, para difundir buenas prácticas y valores.

Representar a la Argentina en instancias en las que confluyan los intereses –sobre todo los que comprometen a las mujeres– que me movilizan.

Pero lo que más me motiva es trabajar por una sociedad más justa para las generaciones futuras y que trascienda lo que hago, no como algo individual, y canalizarlo a través de la Fundación.

Deseo reinventarme en cada nuevo rol que asuma, en cada función, en cada oportunidad que la vida me ofrezca.

Ser mujer es algo que disfruto, y que no me limita. Al contrario, me impulsa a valorar las diferencias y lo propio que cada una tiene para aportar.

Y TAMBIÉN HAY UN TIEMPO PARA COSECHAR...

"El hombre fue formado para vivir en sociedad,
y ni es capaz de vivir solo ni tiene el coraje como para hacerlo."
William Blackstone

Con los demás, todo sale mejor

Es probable que haya otras personas que compartan conmigo la necesidad de hacer un balance, de detenerse y mirar hacia atrás para ver cómo ha sido el camino recorrido. O quizás no sea así y se trate solo de un deseo personal, de una necesidad propia. De una u otra manera, siento que cumplí una etapa y que hay otra que comienza. Por supuesto que hubo, en el medio, otras etapas, en las que habré crecido y madurado, que me impulsaron a hacer cambios, a renovarme. Pero entiendo que este año, en el que cumplo 50 de vida, está bien hacer un alto en la huella para pensar, para reflexionar, para recordar lo vivido.

Es así que, en esta parte del libro, he reunido la palabra de quienes me han acompañado en la vida, en el trabajo y en todas las actividades que realicé y realizo en este presente. Estas personas se suman a las que ya han aparecido en las páginas anteriores. Al leer sus testimonios, fui recordando anécdotas; unas me despertaron una sonrisa y otras me llenaron de emoción.

A esas personas les agradezco profundamente haber dedicado un tiempo de sus vidas para escribir unas líneas y brindarme generosamente su recuerdo, porque son testigos de mi historia, de la historia de mi familia y de la historia de trabajo y esfuerzo que pudimos construir con mis padres, mis hermanos y todos aquellos que colaboraron y fueron o son parte aún de nuestros emprendimientos.

Testimonios del trabajo, de la empresa

Pablo Giorgi, CFO de Agrofina:

Andrea es una profesional perseverante, dedicada y con objetivos definidos. Como líder, es transparente y directa. Tiene claro lo que quiere, defiende su posición y no claudica hasta que lo consigue. No obstante, sabe escuchar. Cuando se vincula con las personas es un gran talento. Es optimista y al mismo tiempo, muy realista. Es conciliadora pero a su vez de posiciones firmes.

En todo lo que hace está la impronta de su dedicación y pasión. Sabe liderar proyectos desde su inicio y sabe mantenerlos, como LGA, o la SGR, que potencia de una manera increíble dentro del Grupo.

Los "sí", los "no", la organización, las pautas y los permisos los administra en función de cada persona y el comportamiento que ella percibe de los demás reflejado en los actos del día a día.

Encara su vida profesional con mucha dedicación, y hoy logró encontrar, entre la empresa y la familia, un mejor equilibrio que en otras épocas, en las que estaba muy orientada a su actividad profesional dentro del Grupo.

María Laura Astudillo, *coequiper* actual:

Lo recuerdo como si fuera ayer: en el año 2002 yo estaba en 5° año del colegio y en la última etapa, de acuerdo con la carrera que elegíamos estudiar, hacíamos pasantías. A mí me tocó en Los Grobo. Si bien yo trabajaba allí, no tuve mucho contacto con ella, solo una vez cuando me llamó a su oficina y me pidió que hiciera una conciliación bancaria (la que me habían enseñado en el colegio era de media carilla mientras que la que ella me estaba dando tenía más de diez hojas). Creo que mi cara lo decía todo, ¡un susto! No quería decirle que no sabía cómo hacerlo. Andrea era mi jefa, alguien a quien yo le tenía mucho respeto y no podía decirle que no sabía por dónde arrancar, pero ella se dio cuenta sin que yo abriera la boca; se sentó al lado mío y me explicó. Ese día quedé asombrada. Yo era chica y no creía que los jefes se sentaban al lado de una empleada para explicarle.

Después de varios años regresé a Casares, dejé mi CV en Los Grobo, tuve la entrevista con la persona de RRHH y luego con ella. Ese día me di cuenta de que esa vez que se había sentado a mi lado para explicarme no había sido por mi cara de susto sino porque Andrea es así, medio maestra. Nuevamente se sentó y me explicó cómo funcionaba la empresa donde yo iba a ingresar, tomó una hoja, me hizo un diagrama, me dijo que si tenía alguna duda la consultara.

Otro día me llamó media hora antes de la hora fijada y me pidió que fuera a dar una charla a la Municipalidad. Obviamente, le dije que no, pero insistió tanto que, sin pensarlo y en un abrir y cerrar de ojos, yo estaba sentada delante de más de 100 personas. Yo le digo que con ella nunca sé dónde voy a terminar, porque cuando está en la empresa no sé qué terminaré haciendo al final del día, siempre tiene proyectos nuevos que, en mi opinión, son muy buenos.

Charlie Etcheverrigaray:
Habiendo participado como director independiente de Los Grobo, junto al Negro Ordoñez, Fernando Oris de Roa y Jorge Forteza, pude ser testigo del impresionante crecimiento, la evolución de los sistemas y la gobernancia de la

empresa que dirigió Andrea. Las constructivas reuniones con los directores de la familia, en mi opinión, ayudaron a desarrollar una "nueva" empresa, muy participativa, con logística de red.

Al mismo tiempo, Andrea y todo el grupo familiar supieron mantener vivo el espíritu de familia y de intenso trabajo personal. Hubo discusiones muy interesantes, algunas bastante picantes, pero siempre sanas. Reconozco que fue mucho lo que aprendí; una experiencia verdaderamente positiva.

Conociendo la creativa hiperactividad de Andrea, puedo augurar que no será éste su último libro.

Pedro Córdoba, gerente general de Viejo Adolfo SA:

Su enseñanza siempre partió del ejemplo.

Trabajé junto a Andrea, en relación directa, desde 1989 hasta 2004; luego de esa fecha, continué en la misma empresa pero en otra área. Durante ese período, ella era la responsable financiera de Los Grobo y yo estaba a cargo de la tesorería.

Fueron años de un gran crecimiento; como resultado de ese desarrollo, nuestra dinámica de trabajo era bastante agobiante. Aunque las jornadas eran interminables, siempre buscábamos la mejora continua a través de la implementación de métodos o procesos que nos permitieran cumplir y mejorar nuestro trabajo.

Algo que caracteriza a Andrea es que no quiere perder tiempo; entonces los viajes con ella eran muy aburridos, se llevaba la notebook para poder trabajar, y ni hablar de parar en el camino para almorzar; hasta aprovechaba los vuelos en avión para "limpiar" los correos.

Es admirable su capacidad de trabajo, y el equilibrio que mantiene entre su familia y la empresa. Y por sobre todas las cosas, su capacidad de sobreponerse a los problemas o adversidades que se le presentan.

Considero que el liderazgo de Andrea, en ese arduo proceso, fue un liderazgo colaborativo. Es equilibrada, posee la dureza que se necesita para algunas ocasiones y también la flexibilidad necesaria para otras. Destaco que su enseñanza siempre partió del ejemplo. Además, se mostraba responsable y preocupada por el bienestar de sus colaboradores y, en todo momento, ayudaba a mantener la armonía en el ambiente de trabajo.

Una de las cosas que siempre me llamaron la atención era su percepción de distintas situaciones y personas. Valía tanto su intuición respecto de una persona como el análisis crediticio completo que pudiéramos hacer.

Andrea es muy tenaz, al trabajar con ella me di cuenta de que es raro que no consiga lo que se propone.

Paola Fresco, administrativa de Los Grobo SGR:

Desde que comencé a trabajar con Andrea en 2007, me llamó la atención su capacidad de trabajo. Me preguntaba: ¿cuántas horas duerme por día? O: ¿nunca se enferma?, ¿de dónde saca tanta energía?

Su forma de trabajar es a *full*, siempre tiene la agenda completa; aunque llegue diez o quince minutos tarde a reuniones o eventos, siempre va.

Está en todos los detalles; recuerdo que cuando comencé a trabajar con ella, estaba organizando el cumpleaños de su hija Delfina, y me preguntó si podía ayudarla con algunas cosas, como trasladar a los setenta u ochenta chicos al campo de su padre donde se realizó la fiesta. Me sorprendió que ella y toda la familia me hayan tratado de una manera tan sencilla y particular, como si fuera parte de ellos.

Nunca faltó un "muchas gracias, sos una genia", o un "buenísimo, gorda", en cada acontecimiento o evento en el que colaboraba.

Otra experiencia, fuerte y emocionante, que me tocó vivir fue la organización del Torneo de Natación para personas con capacidades diferentes. Participaron muchas instituciones de la provincia, vinieron contingentes de chicos de todas las edades, estuvimos tres días compartiendo con ellos: desayunos, almuerzos, la competencia, un encuentro hermoso que, la verdad, llena el alma solo al verlos sonreír, felices, compitiendo y haciendo lo que les hace bien y les gusta.

El liderazgo de Andrea siempre es positivo, alegre, en todo momento te impulsa hacia adelante y te transmite seguridad y confianza. Tiene esa particularidad de contagiar la forma de trabajar, la amabilidad.

Una de las características de Andrea es detectar cuál es el potencial o las habilidades de las personas. Al descubrirlo, da la oportunidad para que uno pueda crecer, ayuda a explotar lo que uno hace bien, y por ende te hace sentir bien y feliz.

Es una persona admirable, inteligente, siempre está en todo. Es alegre, su buen humor es permanente; creo que dos o tres veces la vi enojada, ni siquiera puedo decir enojada, vi que había perdido la sonrisa.

En definitiva, si tengo que definirla o describir cómo es Andrea, englobando lo profesional y lo personal, diría que es apasionada, agradable, admirable, inteligente, ¡y sobre todo generosa!

Silvio Dal Buoni, director ejecutivo de Fundación Emprendimientos Rurales Los Grobo:

Con Andrea tuve mi primera experiencia laboral en Los Grobo en el año 2003 –luego trabajaría con Matilde, Paula y Gabriela–, en temas de Sustentabilidad. En la actualidad, estoy en contacto más frecuente con Gustavo, desde la dirección de la Fundación Los Grobo. Podría decir que, de todos, ella es la que tiene más vocación para enseñar.

Cuando empecé a trabajar tenía veintitrés años, recién había rendido mis últimas materias de la carrera de Relaciones Internacionales. La entrevista con Andrea duró una hora. Para interesarme en el puesto, me contó que la empresa se estaba internacionalizando, que estaban comenzando a trabajar en el Uruguay y en el Paraguay; eso me entusiasmó mucho. Me contrató para que fuera su asistente. Me preguntó si podía empezar a trabajar al otro día y me fui a vivir a Carlos Casares, a la "Casa de Gran Hermano".

Estuve con Andrea unos seis o siete meses y con ella aprendí mucho. Lo primero que hicimos fue ordenar la oficina. Andrea es una mujer decidida, persuasiva, perseverante y sumamente organizada. Con una capacidad de trabajo impresionante y una gran vocación docente. Todos los temas en los que trabajé con ella venían acompañados de una explicación profunda y de material de lectura. Dedica tiempo a enseñar y permite que uno le destine tiempo a aprender. Le gusta compartir conocimiento y es muy generosa en ese sentido. Si se iba de viaje o tenía reuniones, cuando no había mucha carga de trabajo, me dejaba algún material para leer y resumir, o me asignaba a otra área donde pudiera aprender y ayudar en algo. Poco podía aportar por entonces, por ejemplo, al área de auditoría que manejaba Pedro Córdoba, pero era mucho lo que aprendía estando en contacto con distintos sectores y personas de la empresa.

Algo que ella decía era: "hay que unir lo útil con lo agradable". Algunas veces regresaba al pueblo caminando desde la oficina de la ruta, mientras mantenía "reuniones en movimiento" con aquellas personas de la empresa que quisieran acompañarla. Si eso no era factible, emprendía el camino sola, pero mantenía largas charlas telefónicas sobre cuestiones puntuales de la empresa mientras hacía deporte. Recuerdo que en esa época estaba dedicada a tres o cuatro temas importantes.

En primer lugar estaba explorando alternativas para Agustina, su hija mayor, buscaba avances médicos en distintos países. En paralelo, había encargado el diseño de un sitio web dedicado a la mielomeningocele para compartir, con quien estuviera pasando por una situación similar, el diagnóstico, los estudios que le iban realizando, anécdotas, fotos y toda la información que obtenía.

Su segundo gran ítem era la profesionalización de la empresa. Estuvimos mucho tiempo trabajando en la redacción del acuerdo de accionistas y en el reglamento del Directorio. Tomamos como base unos cuantos modelos de otras empresas y adaptamos algunas cuestiones a la realidad específica de Los Grobo con ayuda de especialistas.

De la mano de este tema, surgió el de la sucesión en la empresa y la necesidad de planificar la forma en que los hijos de los hermanos Grobo se iban a hacer cargo de la organización en un futuro. Andrea armaba talleres y coordinaba capacitaciones (dictadas por la propia familia) para los chicos; en la biblioteca de la oficina tenía libros de cuentos sobre finanzas para niños, juegos didácticos para aprender a hacer *cashflow*, entre otros estímulos de aprendizaje lúdicos. Ella deseaba prepararlos, quería que estuvieran capacitados para el futuro empresarial.

Paraguay fue un capítulo aparte: con Pedro Córdoba hacíamos controles de stock de insumos semanales y a distancia. En esa época Andrea decía: "yo soy la *controller* de la empresa". Recuerdo que una vez cronometramos –literalmente– el tiempo que tardaba el equipo de la Sociedad de Garantías Recíprocas en gestionar un aval.

Juan Bentancor, administrativo de Los Grobo:

En febrero de 1990, tuve la suerte de ingresar a Los Grobo Agropecuaria SA, una empresa familiar que aspiraba a crecer. Conocí a Andrea en la empresa; no sé si fue su personalidad o el gran afecto que se ganó, pero desde el primer día la traté de usted, a pesar de ser mucho mayor que ella. Me inspiraba un enorme respeto.

Agustina había nacido el año anterior, tenía cinco meses y requería de cuidados especiales, pero Andrea perfectamente se dedicaba a su trabajo y a la atención de la niña. Todas las mañanas, ella llegaba, nos saludaba con un beso y su mejor sonrisa. El trabajo era arduo; nos exigía mucho de nuestro tiempo, pero trabajaba a la par de sus empleados. Siempre fue muy responsable y exigente; tuvo en su padre al maestro ya que él estaba en todo, aun en el mínimo detalle.

Luego nació Delfina y más tarde los mellizos Luciano y Paulina. No obstante sus embarazos, ella seguía trabajando denodadamente cumpliendo con sus tareas y con su rol de mamá. Recuerdo que en una oportunidad me comentó que sus hijas querían que les cocinara como una "mamá común", como lo hacían las mamás de sus compañeritos. Ella siempre los complacía; cumplía ambos roles y, a no dudarlo, sus hijos la llenaban de felicidad, porque su familia era la prioridad. Si sus hijos la necesitaban, ella estaba presente. En las oficinas de Rodríguez Peña, en aquellos años, realizaba múltiples tareas y una era la preparación de las muestras de cereales que recibíamos de productores. Los domingos aprovechaba a clasificarlas en el galpón; realizaba la tarea en un catre de lona. Recuerdo que muchas veces venía con Defi y Pauli, y mientras ella hacía sus cosas, las pequeñas colaboraban conmigo. Sinceramente era muy lindo verlas con sus pocos años ayudando, y observar cómo se desenvolvían; ellas me alegraban la mañana. No era un trabajo muy limpio, pero se compenetraban de tal manera que no les importaba.

Han pasado muchos años, son mujeres ya, pero a pesar de ello y sin tener una obligación, siempre que pasan por la oficina o me encuentran en la calle me saludan. Eso me hace sentir bien; me conformaría con un "qué tal" o un "adiós", sin embargo tienen la grandeza –a pesar de ser quienes son– de hacerlo con un beso. Esto es producto de una buena educación donde juegan los recuerdos y las personas, y no la posición social. Y eso es mérito de un hogar bien constituido, donde prevalecen los valores de la madre, Andrea.

Fue una gran compañera, a la que aprendí a admirar, respetar y luchar a la par para que Los Grobo fuera evolucionando y creciendo a pasos agigantados.

A mí me enorgullece que haya triunfado, porque siempre fue una luchadora incansable, que no escatimó horas de su vida en perfeccionarse para lograr su objetivo; pero sin descuidar a sus hijos y a su esposo, al que siempre acompaña.

Pablo Gabarró, responsable de la Molinería del Grupo Los Grobo, en Brasil:

Trabajé con Andrea desde 1996 hasta el año 2000, si la memoria no me falla, en las oficinas de la calle Rodríguez Peña, en Casares. Éramos pocos, nos conocíamos y era muy agradable, siempre había mucho trabajo pero lo hacíamos en un clima familiar.

Cuando entré a trabajar en Los Grobo, Andrea había tenido a los "melli". ¡Qué momento! Nuevo en la empresa y con una jefa que depende mucho de su casa... Pero, la verdad, la realidad fue mucho mejor de lo que me imaginé.

Andrea tenía bien claro cuál era el trabajo, lo que era trabajar y cómo orientar a sus funcionarios (bah, funcionarios que luego se consideran amigos). En el momento en que se ingresaba a Los Grobo era como pasar a ser parte de la familia, uno más, ellos me hacían sentir así, que es lo más importante.

Volviendo a Andrea, ella tenía que verte trabajando (en ese momento yo contabilizaba y facturaba). Su frase constante era esta:

"¿Qué estás haciendo, querido, todo bien? ¡Ah, estás terminando eso!"

Y uno tenía la mitad del escritorio ocupado con papeles apilados, tal era la cantidad que había para contabilizar. "Mirá, te dejo esto para ordenar cuando termines (y era una pila de papeles de medio metro, ¡y uno sabía que no iba a terminar!).

Siempre lo decía con la mejor onda, pero le costaba ver a alguien sin hacer algo. ¡Ojo, ella trabajaba al mismo ritmo que todos o más que todos!

Recuerdo que, en una oportunidad, teníamos una inspección y había que preparar la documentación; para terminarla nos quedamos trabajando en la sala de juegos de sus hijos hasta las tres de la mañana. Así ella podía estar en su casa con los "melli".

Andrea reconocía a las personas que trabajaban; enseñaba y formaba. Aprendí mucho con ella y se lo agradezco hasta el día de hoy.

Es una gran madre, gran persona, amiga, bondadosa pero exigente, orientadora y mucho más. Un ejemplo de mujer.

Gerardo Burriel, CEO de Los Grobo Agropecuaria:

Cuando entré a trabajar en Los Grobo, en 1994, existían dos estilos muy diferentes: uno conservador/cortoplacista y otro liberal, de más largo plazo. Andrea era la conservadora y Gustavo, el liberal. Adolfo, que por aquellas épocas cumplía un rol fundamental dentro de la empresa, compartía la visión de Andrea pero apoyaba el liderazgo de Gustavo. No fue simple. Eran hermanos con opiniones muy distintas que se complementaban entre sí; había intercambios muy duros, pero lo interesante era que siempre llegaban a un acuerdo y todos tiraban para el mismo lado.

En mi primera década en Los Grobo, hubo un crecimiento fuerte y sin estructura, con una impronta muy familiar ("el ojo del amo engorda el ganado"). Todo tenía que pasar por manos familiares. Adolfo en Comercialización, Gustavo en Producción, Andrea en Finanzas, Gabriela en Compras, Juan en Impuestos, Paula en Insumos, Germán en los campos, Walter en las plantas. Era una forma de trabajar, todos lo hacíamos con mucho entusiasmo y compromiso; no había horarios, ni feriados, ni domingos, y ante la falta de indicadores muchas de las decisiones se tomaban con el corazón; pero con eso no alcanzaba. Si se quería seguir creciendo la empresa necesitaba un cambio.

A partir de 2004, ya en mi segunda década, la empresa atravesaba un muy buen momento de crecimiento. Cada familiar delegó en manos profesionales sus decisiones diarias y tres directores externos pasaron a formar parte de un Directorio, transformando la empresa de familiar a profesional, ya con estructura, controles, sistemas, etc. El crecimiento fue sustentable.

Este cambio hizo que Adolfo delegara todo en sus hijos y que cada familiar hiciera de su vida lo que más le gustaba hacer. Algunos permanecieron, y con mucho compromiso, en la empresa. Andrea fue uno de ellos.

Los diferentes perfiles de los accionistas hacían que la empresa se reinventara muy rápido tanto en las crisis como en las oportunidades; considero que esa fue la clave del éxito del Grupo.

Podría escribir un libro de la empresa pero es bueno que me focalice en Andrea.

Le decíamos la "Thatcher", era muy dura. No confiaba en la gente de entrada; había que ganársela y si alguien la defraudaba o cometía algo que ella consideraba una traición, no había vuelta atrás. Te mantenía siempre atento.

Yo considero que ella trabajó mucho para cambiar ese aspecto, para tener más confianza y generarla. Doy fe de que en mi segunda década ella cambió mucho; es más abierta, escucha y se adapta a las opiniones de otros por más que no las comparta. Igual, a pesar de su cambio, si es responsable de algo, ella tiene que estar en todo, saberlo todo y controlar todo. Es una persona que no tiene término medio; si te quiere va hasta el final, y si no te quiere, es difícil que cambie esa posición.

En la empresa tuvo varios logros; con temor a olvidarme de algunos, fue la creadora de los cimientos de Finanzas, formadora de talentos como pocas –yo le robé un par y aún hoy me lo recrimina–; considero que Agronegocios del Plata tiene su impronta. Gustavo fue el creador, pero Andrea hizo todo su desarrollo junto a Marcos. Tierra Roja, a pesar de que no fue un éxito del Grupo, también lo desarrolló ella; había que ir al Paraguay a conseguir talentos, líneas financieras, reinventarse para encontrar el negocio. La SGR fue fundamental para el crecimiento del Grupo y hoy, como dice Diego, es una fabulosa herramienta.

Es muy buena madre, la familia siempre es prioridad, la pone por encima de todo; si la llama alguna de sus hijas, por más que esté en una reunión importante, no duda en atenderlas y les dedica todo el tiempo que necesiten.

Andrea, como diría un viejo maestro mío, es como es; podés tomarla o dejarla. Yo la tomo. Es una persona íntegra y frontal, no duda en decirte lo que piensa por más duro que sea el mensaje, sin filtro; si no le gusta algo te lo va hacer saber, pero sin maldad. Solo con el fin de que las cosas queden claras, siempre apostando a la relación.

Antonela Pizzo, administrativa de Los Grobo SGR:

Trabajé con Andrea en el año 2012, como asistente, en su oficina de Los Grobo en Carlos Casares. Es increíble su capacidad de estar en varias cuestiones a la vez, con muchos proyectos y planes, y tener las ganas de implementar todo y cada vez más cosas. No había un plan de trabajo organizado, se trabajaba mucho sobre la marcha, con cuestiones tanto personales como profesionales, y más de una vez a último momento, con algo que surgía y contra el tiempo; era muy divertido cuando había plazos estrictos y teníamos que andar corriendo.

Recuerdo su pasión por lo que hacía, su predisposición para enseñar y dar consejos, su amabilidad. Más que nada su manera de organizarse y poder cumplir con todo, llegar a todos lados y estar en todos los temas. Su liderazgo es motivador, es una influencia positiva al momento de poner en marcha los proyectos.

Recuerdo también su lado maternal y a la vez empresario, cómo se organiza con ambas responsabilidades, y la valentía y decisión para no abandonar su profesión desde ningún punto de vista y a la vez ser madre, que no debe ser tarea fácil. Esto demuestra que se puede si uno quiere y se lo propone.

Diego Fattore, gerente general Los Grobo SGR:

Andrea tiene los genes de su padre Adolfo, a quien conocí y vi cómo trabajaba, y no hay duda de que hubo un contagio de las formas del padre a su hija.

Comencé a trabajar con ella en la SGR en agosto de 2004, desde los comienzos de esa empresa. Pasé de liquidar sueldos a ser gerente de Los Grobo SGR. Desde entonces trabajamos juntos en la gestión de SGR. Ella es la presidenta.

Andrea es muy controladora, exigente en la comunicación y en los resultados URGENTES de todo. La palabra que más le escuché decir es: ¡¡¡URGENTE!!! La aceleración en la acción es una virtud en ella y un sentimiento de mucha presión para sus colaboradores. Hoy puedo decir que estoy contagiado de esa dinámica y, por suerte, he sabido aprovecharla en mi accionar profesional.

Su liderazgo es impresionante; a mi entender, es la gran virtud de su profesionalismo. Con su carácter y presencia marca la diferencia en cualquier evento u organización. Es líder en la acción, fundamentalmente en la ejecución y en buscar los medios y mecanismos para alcanzar los objetivos.

Lo que más me llama la atención es que no para nunca. Siempre atenta al celular, a los e-mails; está en todo, trabaja, organiza eventos, etc.

Es notable su carisma para las relaciones humanas; sus grandes rasgos son: liderazgo, ejecución y habilidad para forjar vínculos entre las personas. Ella encuentra lo que busca.

Alejandro Stengel, director del Grupo Supervielle (ex CEO y director de Los Grobo):

He conocido dos Andreas.

La primera, infatigable en su búsqueda de la excelencia. Cualquier ocasión servía para hacer aprendizajes, mejorar y desarrollarse humana y profesionalmente. Su pasión era superarse. Los objetivos desafiantes no la amedrentaban.

La segunda Andrea, con la que me encontré más recientemente, tiene mucho de la primera. Mantiene la capacidad de mirar la realidad desde nuevas perspectivas, con curiosidad, asombro y sentido del humor; pero aparecen nuevas cualidades: el deseo de ayudar a crecer a los demás, una integración de la visión propia con la de otros sobre el rumbo a seguir, una mayor serenidad a la hora de enfrentar las dificultades. Son rasgos de la experiencia que se transforma en sabiduría.

Rocío Iturbide, ex coordinadora de Tierra Roja:

Cuando entré a trabajar en Los Grobo, me llamó la atención que todos me dijeran que me había tocado la "más brava" de los jefes. Es súper exigente y muy demandante, eran los comentarios que recibía.

Con el correr de los días, trabajando codo a codo con Andrea –era su asistente–, me encontré con una realidad muy distinta a la que me habían pintado. Sí, es una profesional súper exigente y cabeza dura, si se le pone algo entre ceja y ceja no para ni escucha, ni falta mencionar la obsesión por el achique de los costos, gran tema en ella. Pero sabe delegar, acompañar y dejar crecer a su personal. Descubrí una jefa súper generosa y abierta, que da oportunidades para que la gente desarrolle sus capacidades. Además, motiva y contagia las ganas de hacer y aprender.

Claramente, con Andrea el vínculo se caracteriza por un franco y constante ida y vuelta. Acompaña en todo y, al mismo tiempo, da libertad para hacer y demostrar que uno puede. Pero este nexo no arranca con un *laissez faire*, con una libertad absoluta. Observé que es cauta y desconfiada, pero una vez que ve en alguien sus valores y tiene la certeza de que responde, deja hacer, solo que no todos lo lograban.

Es muy dinámico trabajar con ella y con los muchos y variados proyectos que permanentemente tiene entre manos. Puede hacer mil cosas a la vez, incluidas las personales. Era frecuente que saliéramos a caminar y de paso conversáramos de temas del trabajo.

Empecé como asistente de ella en el año 2006, con el tiempo me fue enseñando y dando más y más responsabilidades, hasta terminar nombrándome responsable de Tierra Roja.

Fue y creo que será la mejor jefa que tuve. La siento mi mentora en muchas cosas; ella es lo que quiero ser, una mujer profesional multifacética.

Miriam González, ex funcionaria de Tierra Roja SA:

Conocí a Andrea Grobocopatel en abril de 2008; en aquel entonces ella venía mensualmente a Paraguay para reunirse con el equipo de trabajo de la empresa Tierra Roja SA, de la que era presidente y principal líder visible.

El primer contacto profesional surgió porque estaban buscando contadora para la empresa; envié mi postulación por e-mail y muy rápidamente me contactaron. Luego Andrea, en una de sus visitas, me convocó para una entrevista personal. Fue una entrevista realizada con extrema sencillez, rebosante de cortesía; me impresionó tanto la apertura y el optimismo con que hablaba de los proyectos empresariales que me deslumbró y, antes de pestañear, ya me había vendido la idea de formar parte del equipo de Tierra Roja SA.

Estoy inmensamente feliz de haberla conocido profesionalmente, fueron oportunidades únicas mezcladas con experiencias: desafíos extremos, aprendizajes sobre ruedas, limitaciones de tiempo y equipo poco capacitado, y ella con su *expertise* en la dirección empresarial ofrecía de alguna forma soporte real y oportuno para lograr el objetivo trazado.

Andrea es mi líder modelo, quisiera poder replicarla, porque tiene una peculiaridad: es única para sacar lo mejor de sus colaboradores, con facilidad motiva al equipo y con optimismo se proyecta para alcanzar los objetivos trazados.

Marcos Guigou, socio de Agronegocios del Plata:

Andrea fue una importante influencia en mi vida entre mis treinta y seis años y hoy.

Siempre sentí que ella disfrutaba lo que hacía y comprobé que, por momentos, lidiaba con las mismas situaciones que me tocaban vivir en esa etapa.

Compartíamos las enormes ganas de hacer cosas en las empresas, de concretar sueños, de ir hacia delante derribando muros; también la necesidad de bajar a tierra de un plumazo con una llamada de nuestros hijos, de edades bastante próximas.

Siempre me sentí muy seguro con ella; seguro por su idoneidad como compañera de equipo en negocios, por su lealtad y también por su enorme capacidad de trabajo y compromiso.

Conocí a Andrea por Gustavo, y me pareció que ambos hacían un equipo formidable; claramente, sus diferencias de enfoque los potenciaban, según mi criterio. También vi cómo ella siempre mantenía muy firme sus posturas y visiones, la capacidad –a veces dureza– con que presentaba sus puntos de vista, pero luego entendí que era un modelo muy difundido en la familia y, ¿por qué no?, muy exitoso: sacar afuera las diferencias puntuales y seguir construyendo con lo que creían más importante.

En estos diez años tuvimos infinidad de contactos por razones de negocios, pero también hubo muchas actividades familiares. Todos en la familia Guigou Mihura disfrutamos su calidez, su dulzura y su bondad. Esto se hizo extensivo a mis padres; y en particular a mi mamá, que siempre tuvo por Andrea un especial afecto y admiración.

Hay muchas anécdotas. Recuerdo una muy fuerte para mí. Después de haber estado toda la mañana y un rato de la tarde esperando que un frente de tormenta que estaba pasando por Corrientes nos dejara despegar en el CX Dol de Ciudad del Este, decidimos salir para llegar a Buenos Aires y luego yo seguiría al Uruguay. Pero la tormenta aún era intensa, el primer gran sacudón hizo llegar la laptop de Andrea al techo del avión, y en los siguientes creo que ambos pensamos en todo lo que nos quedaba aún por hacer en la vida y en los seres más queridos. Por suerte, después de un rato de sacudones feos (¡el piloto había perdido los lentes también!), llegamos a una zona de sol y calma y todo salió muy bien.

No sé si Andrea recuerda las lágrimas, que fueron muchas en ese momento, pero sí tengo presente como si fuera ahora la felicidad que sentimos al salir de esa zona turbulenta, volver al vuelo tranquilo y a pensar en lo que estábamos haciendo un rato antes.

Hay muchas cosas que decir relacionadas con ella, y es muy raro porque uno se pone a pensar y escribir y es como si se abrieran un montón de recuerdos que estaban guardados con llave y que de pronto aparecen.

Viviana Mihura, socia de Agronegocios del Plata:

Nuestro ámbito de encuentro más frecuente fueron las reuniones de Directorio. Siempre valoré mucho, además de su profesionalismo y compromiso, el buen trato, el respeto, la convicción y su firmeza en algunos temas. Andrea siempre actuaba con cordialidad, constantemente buscaba conciliar situaciones, a veces muy duras.

Pero también supimos encontrarnos a tomar un café y charlar de la familia, y sentí admiración por su coraje y valentía para afrontar temas difíciles que la vida nos suele deparar en algún momento. Ella siempre va para adelante, nunca baja los brazos. Hemos disfrutado lindos encuentros familiares, donde toda mi familia ha sentido su afecto, simpatía y amistad.

Desde que la conocí, hace unos diez años, cuando formamos Agronegocios del Plata, fui descubriendo en Andrea distintas facetas que lograban sorprenderme gratamente y así valorar mucho más a la persona, a la profesional, a la esposa, a la mamá, a la hermana, a la hija.

Cuando recién arrancábamos a trabajar juntos, aprovechábamos cada viaje de ellos al Uruguay para trabajar mucho. Un día, era tarde ya, estábamos con Claudio Zabalza y Emanuel en la primera oficina en Dolores, implementando el programa informático de órdenes de campo para los ingenieros agrónomos. Claudio dijo: "Cuando terminemos vamos al 'Cañonazo'". Se hizo un silencio y ella, en voz baja, con picardía y disimulo, me preguntó: "¿¿¿Qué es eso???". Fue un toque de humor para suavizar el cansancio de un día largo. El Cañonazo era un club bailable de Dolores.

Juan Ángel de la Fuente, secretario del Directorio de ADP:

Andrea influyó mucho en mi vida, por lo que, al referirme a ella, ser objetivo me resulta complejo; es una persona exigente consigo misma y con los demás. Nunca pierde la esperanza, ni en la peor adversidad, y, fundamentalmente, es una motivadora extraordinaria.

Encara su vida profesional con mucha pasión, es de las personas que quiere lo que hace. Andrea siempre nos hizo entender que debíamos ganar dinero, pero en ese proceso también pensaba en hacer crecer a las personas que nos rodeaban. Cree en los procesos, con pasión; tiene la gran capacidad de discernir qué puede delegar y qué no.

Andrea usa dos "virtudes" para aplicar un método: es una mujer bonita y se da el lujo de decir que "no sabe de campo". En base a esas dos cosas aplica su método: decir algo absolutamente disruptivo en una reunión, para que todos pensemos distinto y desde su comentario "innovador" salgan las ideas brillantes. El aporte de Andrea es fundamental, porque en reunión de "hombres e ingenieros agrónomos", a ninguno se le hubiera ocurrido decir lo que ella dijo. Es de las personas que "sube el promedio" del equipo que la tenga.

En una reunión de Directorio de ADP dijo –valiéndose de las virtudes que comenté–: "¿Por qué no hacemos solo soja de segunda, sin hacer cultivo de invierno que es lo que da más plata?". Si bien el chiste es solo para entendidos, demuestra que Andrea nos motivaba todo el tiempo.

El día que conocí a Gustavo, a los diez minutos de conversación me dijo: "Tengo una hermana que es terrible, le decimos 'la Thatcher' en casa". Después que la conocimos confirmamos los dichos de Gustavo, ¡¡¡jaja!!!

Nunca fui su socio "formalmente", pero me siento "muy socio" de ella; confieso que tardé un tiempo en entenderla. Andrea te pega un poco y sobre lo que rompió construye algo maravilloso. Me enseñó –aunque nunca me lo dijo con palabras, pero sí con hechos– que para que las cosas cambien y sucedan hay que decirlas como son, hay que pelearse un rato, generar tensión y de allí comenzar a construir algo nuevo e ingenioso; y después, cuando finaliza la reunión, saber reírnos de lo que nos peleamos y festejar por lo que construimos. Al decir de Nassim Taleb, me enseñó a ser "antifrágil".

Le gusta avivar la llama con pasión, para que después podamos llegar a un buen acuerdo. Es la persona más pragmática que conozco; tiene esa tremenda capacidad de tomar todos los puntos de vista, ver todos los aspectos y reducirlos a un par de opciones que parecen sencillas pero son fruto de su mente brillante. Tiene la habilidad de mostrar de manera simple aquello que parece complejo.

Tenemos muchos puntos en común: nuestros valores, trabajar con pasión, nuestros antepasados judíos, la familia, la amistad. Diferencias: sin duda son miles, pero el foco no es cuán diferentes somos, sino el éxito de cómo hemos sabido zanjar las diferencias, para crecer ambos.

¿Cuáles son sus valores? Transparencia, honradez y humildad.

¿Cuáles son sus logros? Su familia, su empresa y haberse convertido en un referente para las mujeres empresarias.

La vida me ha dado muchas alegrías, una de ellas es haber conocido a Andrea y a su familia; ocupan un lugar importante en mi vida y la de mi familia.

En una ocasión, en un banco en Montevideo le preguntó a la gerente si estaba "de muchos meses de embarazo", a lo cual esta le respondió: "No, solo estoy gorda". Andrea, rápidamente, dijo: "Uyyy. Acá no nos dan ni un peso". Esa es Andrea, la que no se guarda nada y dice las cosas como son, y esa es la base de su éxito.

Sé que es pilar fundamental de sus hermanos. Gustavo es la "chispa" de Los Grobo, pero Andrea es el "combustible".

Fernanda Florit, responsable comercial de Los Grobo SGR:

Comencé a trabajar en la sociedad hace tres años y medio. Y si bien soy casarense, jamás había tenido contacto con Andrea, nunca la había tratado, la conocí en la empresa. Resumo en dos palabras mi impresión –quizás parezcan muy comunes pero la definen muy bien–: inteligente y sencilla. Así es ella. Además, comparte todo su conocimiento. Es muy generosa.

Andrea es una persona abierta, por lo tanto da la posibilidad de hablar de cualquier tema y se gana la confianza de todos en forma rápida. Es APASIONADA por todo lo que hace. ¡Es una de las cosas que más contagia y que mejor la definen!

Testimonios de las compañeras de ruta

Leticia Gemelli:

Pienso en Andrea y descubro que es una mujer que ha cambiado y crecido de manera impresionante como persona, como profesional y como empresaria y, a la vez, ¡es tan igual a la Andrea de siempre! De nuestro grupo de amigas –somos nueve– ¡¡¡es la mayor!!! Y muchas veces, la más madura, ¡pero siempre la más adolescente!

Pienso en nuestros encuentros espontáneos, sobre la marcha: voy a su casa, o viene a la mía, y si está o estoy, ¡bárbaro! Y si no está, o está ocupada, vuelvo más tarde y listo. Pienso en el entusiasmo con que nos recibe. Tiene tan buena onda, tanta generosidad, tantas ganas de encontrarle la parte buena y positiva a las personas y a las cosas… Siempre quiere que nos reunamos en su casa de Casares –como lo hacíamos antes en la de Edith, cuando éramos chicas–, para charlar, tomar mate y comer galletas dietéticas con queso; los chicos entrando y saliendo, Walter por ahí en su cuarto, Carmen atendiéndonos como reinas, y nosotras despatarradas en los sillones.

Compartimos cada salida, cada reunión. Intentamos encontrarnos para chusmear, para contarnos lo que nos pasa, para preguntarnos pavadas, para preguntarnos cosas en serio (Andreaaa, ¿qué es el amor a los cincuentaaa?), para reírnos a carcajadas como solo nos reímos entre nosotras, y para llorar. Para llorar, ella siempre está lista, es la reina de las lloronas. Ella es una más, como todas, como lo fue siempre. ¡Es algo muy bueno para decir de ella!

Ana Caldentey:

Conozco a Andrea desde hace unos 29 años. Yo trabajaba en la oficina con su papá y ella finalizaba sus estudios. Desde entonces nos une una relación que se fue fortaleciendo con los años. Hemos compartido varias etapas de nuestras vidas respetando y valorando las diferencias.

Puedo asegurar que los comienzos en la empresa no fueron fáciles. Los deseos de su padre eran órdenes para Andrea y las órdenes implicaban una exigencia que no he vuelto a ver en ningún joven de un poco más de 20 años.

En la oficina se mostraba como alguien decidido a aprender y nunca a imponerse. Sentía mucha curiosidad por todo y la entusiasmaban los desafíos, por difícil que fuera la propuesta.

Más tarde, como docente de Agustina, me encontré con una mamá atenta, respetuosa, exigente, presente y comprometida. Todas las semanas hablábamos para trabajar sobre los aciertos y/o dificultades de su hija. Me sorprendía ver cómo podía ocuparse. Su ansiedad y los deseos de hacer lo mejor se imponían en ese rol.

Como tenemos hijos de la misma edad, compartimos etapas escolares, juegos, encuentros y todo lo que implica tener adolescentes amigos entre sí.

Actualmente, todas las semanas vamos a caminar. Hablamos sobre emprendimientos, nuevas ideas, el futuro de nuestros hijos y la educación; estos dos últimos temas no faltan nunca.

Me parece muy gracioso cuando nos encontramos. Tiene la delicadeza de fijarse en lo que pasa inadvertido para otros y hace un comentario halagador minimizando lo que ella misma hace o tiene. Entonces dice cosas como "qué bueno que tengas tiempo de venir a caminar" (cuando las dos sabemos que trabaja diez veces más que yo y de su capacidad increíble para optimizar el tiempo); o "¿te hiciste algo en el pelo? Lo tenés muy lindo" (a veces pienso que no quiere que me sienta mal con un pelo tan alborotado. Paso por su casa a buscarla y ¡no está despeinada ni siquiera cuando se levanta!).

Si bien Andrea es muy directa y le gusta que le digan las cosas sinceramente, no siempre lo considera necesario. No me olvido de algo que ella muchas veces me dijo: "Sé exactamente lo que pensás de mí por cómo me saludan tus hijos en la calle". No se equivoca. Es muy humilde, comprometida y trabajadora. Yo la respeto y quiero mucho por eso.

Zulema Perozza:

Fui alumna de Andrea en el secundario, ella recién había vuelto de estudiar en Buenos Aires, daba Administración de Empresas y estuvo solo tres meses haciendo una suplencia.

Era agradable y humilde, muy exigente con el estudio y las evaluaciones. Hablaba mucho y eso a mí me ayudaba porque tengo más memoria auditiva que visual, entonces captaba bien lo que explicaba. Era muy clara, tenía mucha paciencia, hasta que los alumnos no terminaban de entender bien un tema, no pasaba a otro.

La reencontré muchos años después y nos vemos con frecuencia. Tenemos conversaciones de mujer a mujer.

Hablar con ella siempre me ayuda, con dos palabras me estimula a avanzar, me da un envión. Escucha con atención e interés lo que le cuento sobre mi emprendimiento; a ella le gusta aconsejar, compartir su experiencia. No todos dan ánimo, es más frecuente escuchar: "no vas a poder", "es muy difícil". En cambio ella siempre tiene una palabra positiva, de aliento, contagia su optimismo y me pone en funcionamiento.

Me apoyó mucho y me incentivó a seguir creciendo y poder dar y ayudar con lo que tengo. Se nota que todo lo que hace y dice le surge del corazón.

Laura Gaidulewicz:

Con Andrea no tuve oportunidad de compartir su día a día en la empresa. Nos conocimos cuando ya había dejado su rol de CFO de la compañía. Pero, en estos años, ella me ha invitado a compartir en algunas oportunidades ciertas actividades de la SGR, especialmente las Asambleas de Accionistas. Fue una situación privilegiada de observadora, que me permitió conocerla desde otro lugar. La he podido ver al frente de una asamblea de más cien personas de distinta procedencia. Y también en el marco de una sala de Directorio, donde están todos reunidos alrededor de una mesa enorme, algunos sentados en torno a ella y gente por fuera. Reuniones donde el "cara a cara" es mucho más directo. La vi en ambas situaciones y pude observar cómo se desempeña.

Siempre me llama la atención cómo coordina los grupos, especialmente aquellos donde hay mucha heterogeneidad. Me parece que tiene un estilo de conducción muy interesante, porque abre el juego y les permite a todos los asistentes manifestar sus opiniones, plantear sus puntos de vista, hacer su aporte, sentirse cómodos, pero sin perder el foco, sin correr el riesgo de que la gente se disperse. En esta dinámica, cada uno participa pero a la vez no se pierde de vista el objetivo final. Maneja muy bien el *timing* de la coordinación, suelta "las riendas", pero nunca tanto como para que se le vaya "de madre".

Una de las cuestiones que más me impactan es el manejo que tiene de los climas de tensión. Cuando surgen cuestiones ásperas, puntos de conflicto o temas más complicados a tratar, sabe salir de manera muy airosa; no pierde la calma ni se instala en el conflicto, logra "bajarlo".

Andrea tiene la capacidad de no engancharse en la discusión, ni toma las preguntas punzantes que le hacen como algo personal. Ante comentarios que podría sentir como agresivos, no se siente herida ni lo dramatiza. Esto permite que cuando alguien busca aguijonear la situación, al no lograrlo, se disuelva rápidamente el conflicto. Creo que es muy carismática y eso la ayuda en ciertas coyunturas. El carisma y esa capacidad de manejar las situaciones grupales son los puntos fuertes desde donde sostiene su liderazgo. Es firme pero cálida, con un ejercicio del poder donde se apalanca de manera inteligente en rasgos típicamente femeninos, logrando que el consenso y la aceptación se sobrepongan a la imposición.

Diana Mondino:

No recuerdo quién dijo: "Un amigo no se interpone en tu camino, a menos que vayas cuesta abajo". Y lo mismo puede decirse de un líder.

El liderazgo y la amistad tienen mucho en común. Un amigo te da la libertad de ser como quieras, es honesto en sus opiniones y acompaña en los momentos difíciles. Un líder logra resultados extraordinarios porque nos muestra lo que realmente queremos hacer.

Andrea nos ha demostrado que puede ser amiga y líder al mismo tiempo, para las mismas personas. Quienes compartimos con ella –poquito, y siempre con apuro– tiempo apreciamos su franqueza y que siempre busca hacer bien lo que es bueno.

No quiero olvidar su rol como directiva, su tarea en FLOR y para lograr profesionalizar directorios de empresas. Suena bonito, ya lo sé. Sin embargo lo relevante no es el poder para decidir, sino asumir la responsabilidad de decidir.

Gracias Andrea por mostrar que lo importante no son los honores o sentirnos orgullosos de ser quien toma la decisión, o el miedo a equivocarnos, sino generar conciencia de la gran importancia de comprometerse.

Patricia López Aufranc:

Mi relación con Andrea empezó cuando la invité a una Comida Anual de Recaudación de Fondos de la Universidad de San Andrés, a una mesa integrada por un grupo de destacadas mujeres a la que yo no pude asistir por un viaje profesional imprevisto.

A partir de allí nos hemos visto regularmente en FAME –Foro Argentino de Mujeres Ejecutivas–, nos hicimos amigas, conocí a su familia, compartimos datos útiles, sueños y algunas preocupaciones.

Andrea es una típica feminista del siglo XXI. Muy distinta de las pioneras de los años 50 o 60, que lucharon por la igualdad de derechos, pero dispuestas a jugar un rol no menos importante que los hombres.

Es una profesional exitosa, una madre dedicada, una "primera dama" a quien le cayó el rol cuando la agenda ya desbordaba y lo desempeña con entusiasmo; una "migrante" incansable, cuya única licencia es un "apoyacabeza" para viajar más cómoda en auto. Predica sobre temas de gobernancia y buenas prácticas en empresas familiares, más allá de su propia empresa, con celo de pastor adventista.

Habiendo llegado a una posición de liderazgo, ha hecho propio el desafío de formar alianzas, hacer *networking* y mentorear, actuando como catalizadora de cambios que abran camino a otras mujeres profesionales.

Ante el estupor que la situación de nuestro país a veces causa, ella es siempre optimista a mediano plazo, y confía en poder cambiar a los argentinos. Con ese objetivo creó su fundación FLOR.

Me encantaría que compartiese conmigo la fórmula para que el día tenga más de 24 horas.

Alejandra Brandolini:

Quienes trabajamos en comunicación experimentamos de modo cotidiano que las relaciones personales son acontecimientos que transforman a quienes estamos implicados en ellas. Uno ya no es el mismo luego de entablar un vínculo con alguien. Algo internamente cambia en nosotros, por pequeño que sea. Y esto sucede porque los encuentros, si son sinceros y cercanos, nos transforman.

Cuando conocí a Andrea supe que una persona valiosísima llegaba a mi vida para dejar su huella. Los aprendizajes que hemos realizado juntas son inmensos. Las actividades y las causas que nos unen son numerosas. Ambas compartimos el amor por nuestras familias, nuestro país federal, el respeto a las tradiciones y la pasión por nuestro trabajo. Siempre me sorprendió el espíritu curioso y la creatividad de Andrea, claves para el éxito.

Nuestros trabajos tienen muchos elementos en común ya que ambas accionamos para mejorar la gestión de las organizaciones. Ella lo hace brindando asesoramiento integral estratégico de negocios para Pymes desde FLOR o ámbitos académicos. Mi aporte es desde la consultoría en comunicación interna, proceso clave que interviene desde la cultura de la organización para favorecer el entendimiento con los empleados y facilitar el alcance de los objetivos de negocio. Tanto una especialidad como la otra exigen una gran vocación de servicio para transmitir conocimientos indispensables para las organizaciones de hoy, insertas en un mundo cada vez más complejo, interconectado y cambiante.

Para desarrollarse en ese entorno, las empresas e instituciones necesitan generar vínculos de confianza, que las ayuden a mantenerse firmes en estos contextos movedizos y volátiles. La labor por el fortalecimiento de esas instituciones nos encontró trabajando juntas. Desde distintos ámbitos abogamos por una gestión en valores, en la cual la transparencia y la ética estén insertas en la cultura organizacional. Aprendimos que para lograrlo es fundamental contar con liderazgos responsables que inspiren, acrecienten y promuevan los talentos en la diversidad y la inclusión. El empoderamiento femenino es clave en este sentido y juntas colaboramos en la formación de mujeres con enorme potencial para ocupar posiciones de poder desde FAME y Vital Voices.

La vida es un aprendizaje continuo que, cuando se comparte, se potencia y genera resultados con impacto en la sociedad para dejar nuestro legado a las nuevas generaciones con la promesa de un futuro mejor. Andrea otorga sentido a mi vida.

María Gabriela Hoch:

Lo que más me impactó de Andrea al conocerla, allá por 2008 o 2009, en uno de los almuerzos de FAME –en el cual la abordé para contarle sobre el proyecto de Voces

Vitales en Argentina–, fue su apertura, entusiasmo, generosidad y transparencia. Sin dudarlo, se zambulló en nuestra misión y nos ayudó a concretar nuestro sueño: propiciar el liderazgo femenino a través del *networking*, la credibilidad, el mentoreo y la capacitación a jóvenes extraordinarias.

Andrea es esa clase de mujer que inspira para ser mejor persona. Que recuerda permanentemente que se puede ser una mujer poderosa, no por lo que una tenga, sino por la forma de ser y el modo de abordar las cuestiones. Es un ejemplo de mujer que condensa en sí misma la calidez humana y la integración en todos los aspectos de la vida.

Empodera solo con su ejemplo. Habla con total naturalidad sobre cualquier aspecto, brinda comentarios constructivos bondadosamente, siempre con palabras de aliento generosas y tendiendo puentes para apoyar a otros en sus objetivos de vida. Y me refiero a objetivos de vida, pues con ella vi claramente que no existe una división entre vida profesional y familiar, sino que, justamente, trata de integrar todos los aspectos.

Claramente, es un ejemplo viviente del liderazgo que proponemos desde Voces Vitales Argentina. Un liderazgo basado en la colaboración, el mentoreo, el empoderamiento a otras mujeres, la inclusión, la generación de alianzas; en insertar cambios positivos y sustentables en la comunidad y promover su crecimiento. Conocerla me inspiró y reafirmó en el compromiso y desafío asumidos de construir en la Argentina el modelo de Voces Vitales.

Mercedes Young:

Conocí a Andrea en un programa de Mentoreo de Voces Vitales Argentina, ella fue mi mentora. Algunas chicas que ya habían hecho el programa me adelantaron que era una afortunada por la mentora que me había tocado, porque ella era la mejor. Antes de empezar el programa, nos contactamos, yo estaba en Rusia por trabajo y ella en España, pero ya empezó a mentorearme y me invitó a una conferencia, que parecía muy interesante, pero no pude ir. Recién cuando empezó el programa, conocí personalmente a Andrea. Desde el primer momento me encantaron sus formas, su femineidad, su carisma. Hasta las otras mentoras la admiraban.

El primer día que fui a su oficina descubrí su sencillez y empatía, cualidades fundamentales para coordinar grupos humanos. Después viajé a Carlos Casares, a su oficina base, estuve tres días con ella. Más que un conocimiento técnico, Andrea me transmitió una forma de liderazgo.

Para mí el mentoreo es inspiración, es transmitir que se puede, es empujar, es impregnar de fuerza, es abrir ventanas. La dinámica consiste en compartir un período de tiempo entre mentor y mentoreado, dentro y fuera del espacio de trabajo del mentor, para que el mentoreado pueda aprender de la interacción del mentor en su medio de trabajo y para que, por otro lado, pueda ser guiado en sus inquietudes personales.

Tengo algunas anécdotas con Andrea, que siempre recuerdo y muchas veces cuento. El primer día en su oficina me pidió que escribiera una lista de mis inquietudes. Escribí una carilla enumerando en qué estaba, los diferentes caminos que tenía para seguir mi futuro profesional, los planteos existenciales que incluían proyectos sociales, mis proyectos de familia, etc. Creía que todo tenía que resolverlo en ese momento, con la ansiedad de la edad. Andrea, tranquila, leyó mi lista, me hizo algunas preguntas, y después trazó una línea a lo largo de la hoja, con flechas ascendentes y descendentes, y me dijo: "Todo esto lo vas a ir haciendo a lo largo de tu vida, todo a su tiempo". Siempre lo recuerdo. Ahora, cuando me surgen algunos planteos trato de tranquilizarme, vuelvo a pensar que no puedo resolver todo hoy, ni elegir blanco o negro, sino que cada etapa de la vida tiene sus oportunidades, sus obligaciones, sus tiempos, y que lo que hoy me toca es parte del camino, parte de la lista, después vendrá lo otro o irá decantando y decidiré no hacerlo. Creo que lo importante es disfrutar el hoy, lo cotidiano, y cuando logramos hacer eso, nuestra alegría y nuestra pasión nos llevan a cosas más grandes.

A mí siempre me preocupó el tema del equilibrio que debe mantener la mujer entre su familia, su vida personal y el desarrollo profesional, entendido este como lo que me apasiona hacer. No puedo pretender la perfección, aunque está bien conocer y reconocer que todo tiene un límite. Cuando íbamos en el auto camino a Carlos Casares, le pregunté a Andrea cómo lograba ese balance, y me respondió: "No siempre logramos ese equilibrio, algunas veces sí y otras no. Para mí, la clave siempre fue haber elegido un buen compañero de vida y una buena administradora de mi casa". Me encantó lo que me dijo, y siempre lo recuerdo.

A MODO DE EPÍLOGO

El proceso económico y social puede funcionar sin recursos naturales o financieros, pero jamás sin las personas. Los países pueden contar con esos recursos, incluso en abundancia; sin embargo, si los jugadores no mejoramos y colaboramos con el entorno organizacional, estamos condenados a seguir deteriorando nuestra reputación. Y este no es un problema de otros, no se trata de culpar a terceros; es responsabilidad de todos y de cada uno de nosotros en particular.

Para mí, pensar es hacer. Crear va de la mano de concretar, que las cosas sucedan. Además, valoro hacerlo con otros. Me gusta convocar a otras personas para encaminarme tras un "sueño" en el que pongo esfuerzo, talento y capacidad; sumar a más personas con el propósito de que se haga realidad y que esa realidad nos sorprenda.

La experiencia y las investigaciones demuestran que las sociedades que logran despertar confianza y reciprocidad entre sus integrantes evolucionan y alcanzan más rápido el desarrollo que aquellas en las que prevalecen las luchas entre los distintos sectores sociales, las protestas, los disturbios, las manifestaciones callejeras o los piquetes. Nada prospera si consideramos al de al lado como un enemigo.

Dar siempre lo mejor de uno es un valor cultural que se traduce en mejores resultados. Y, sobre todo, en una mejor sociedad. Por eso, me interesa colaborar no solo para que las personas puedan crecer y hacer prosperar sus negocios; me interesa también, y en primer término, que puedan desarrollarse como verdaderos líderes, para su empresa y para la comunidad en la que trabajan. Porque los líderes están en todos lados. No importan la edad, el género, la educación o el nivel social. Tampoco si ocupan una posición política o no. Lo que caracteriza a un líder es la forma de relacionarse con los demás, con la sociedad en la que vive.

Desde nuestras organizaciones tenemos una responsabilidad como líderes. Las decisiones que tomamos, la manera en que actuamos y, principalmente, la forma en que nos vinculamos con los demás marcará no solo nuestro propio destino, sino también el de nuestras empresas y el de nuestras instituciones. Dejará huella en todos aquellos con los que interactuamos: nuestros empleados, proveedores, clientes, amigos y, por supuesto, nuestra familia.

Esta excepcional influencia requiere enorme responsabilidad. Exige comprender al otro, ya que todo lo que haga impactará en él. Y que el respeto a ese otro sea central para construir cualquier organización que se base en la confianza. Y no, desde luego, en el miedo.

Por ese motivo espero que la principal huella que permanezca en los que lean este libro sea esa voluntad de rescatar lo bueno de cada uno. Darnos cuenta de lo que somos y de lo que podemos ser, con vocación y trabajo. Revalorizar el talento de cada persona con la que nos relacionamos.

Y esto vale para las organizaciones y para la vida. Nosotros podemos definir metas u objetivos para las organizaciones, pero es muy difícil que otros se involucren y participen si no lo hacen estimulados por el ejemplo.

El futuro de nuestras empresas, instituciones y organizaciones, y el futuro del país, dependen solo de nosotros. Las cosas no cambian si nosotros no modificamos nuestra actitud.

Elegir la evolución de nuestro negocio, o de la sociedad en que vivimos, implica asumirnos como motor de cambio. Primero, de nosotros mismos, para desde allí cambiar la realidad que nos rodea.

Ojalá que cada uno de nosotros pueda plasmar este aprendizaje, sabiendo que hoy es un buen día para comenzar a construir los próximos cincuenta años.

Este libro se terminó de imprimir
en Color Efe, Paso 192, Avellaneda,
en marzo de 2014.

www.ingramcontent.com/pod-product-compliance
Lightning Source LLC
Chambersburg PA
CBHW071650200326
41519CB00012BA/2468